소리 · 스물다섯

# 상카아라行와 담마法

## - 부처님 가르침의 두 축 -

말한이 활 성 ｜ 엮은이 김 용 호

KB218614

고요한소리

**일러두기**

* 이 책은 활성 스님께서 1994년 10월 14일 대구 법회에서 하신 말씀을
   중심으로 김용호 박사가 엮어 정리하였다.
* 이 글에서 빠알리어를 우리말로 표기할 때 지금까지의 예를 따른다.
   다만 제행諸行의 경우 복수형 saṅkhārā를 상카아라아로 표기한다.

# 차 례

# 상카아라行와 담마法,
# 부처님 가르침의 두 축

## 부처님 가르침의 두 축

부처님이 보리수 아래에서 진리를 깨달으셨습니다. 부처님은 깨달으신 후 진리에 대한 설명으로서 담마 *Dhamma*[法]를 세우셨습니다. 부처님이 담마를 설하셨고 우리는 그 담마의 도움을 받습니다. 우리가 담마의 도움을 받아 나아가면 세상에서 겪는 많은 애로나 미로를 훨씬 더 쉽고 편하게 헤쳐나갈 수 있습니다. 담마는 부처님이 고해苦海를 살고 있는 우리 중생을 위하여 구구절절 대자비심으로 설하신 가르침입니다. 부처님이 45년 동안 간곡하게 설하신 담마를 우리가 진지하게 궁구하고 실천하지 않는다면 부처님 안 오신 거나 마찬가지잖아요? 이제 우리는 담마를 어떻게 대해야 할지 새로운 각도에서 성찰할 필요가 있습니다.

담마가 얼마나 심오한 것인지 다 헤아리기 어렵습니다. 담마를 제가 감히 운운할 수 있는 것인지 참으로 망설여지기도 합니다. 담마를 잘 안다고 하면 아마 가벼운 말이 될 것 같습니다. 다만 이 나이 들어 살아온 인생을 돌아보면서 '내가 어떤 복으로 이런 큰 담마를 만났을까?' 하는 감회가 깊습니다. 부처님이 경에 친절히 설하신 말씀들을 만난 인연이 얼마나 소중한지 스스로 대견스럽기까지 합니다. 담마에 대한 존경심과 환희심을 품고 담마를 늘 생각하면서 살 수 있으니 참으로 큰 복입니다. 또 보람도 큽니다. 오늘 담마를 만난 복을 여러분과 함께 얘기해볼까 합니다.

'과연 담마는 무엇인가?' 항상 생각합니다. 자연스럽게 묻고 또 되묻지만 마냥 어렵기만 합니다. 그러는 가운데 부처님 가르침의 두 축으로서 상카아라 *Saṅkhāra*[行]와 담마*Dhamma*[法]를 대비해 볼 수 있지 않을까 생각하게 되었습니다. '상카아라와 담마가 부처님 가르침의 두 축, 그것도 서로 상반되는 두 축이 아닌가.'라고 생각하는 거지요.

부처님은 무명無明이 있어서 제행諸行이 있다고 하셨습니다. 이 말씀을 '무명 중생이 사는 이 세상은 상카아라이다.'라는 뜻으로 새길 수 있겠습니다. 상카아라는 움직임이고 들뜸입니다. 세상만사가 상카아라여서 우리는 끊임없이 들뜨게 됩니다. 일단 들뜨면 그들뜸이 자체 증폭을 합니다. 우리 중생은 상카아라가 폭류하는 세상을 살게 됩니다. 반면 담마는 우리에게 이 세상을 들뜨지 않고 차분한 마음을 유지한 채 살면서 고요한 경지에 도달하는 길을 제시합니다.

담마는 '상카아라에 대한 바른 인식을 통해 결국 상카아라를 진정시키는 것'이라고 볼 수도 있습니다. 예를 들어 매일 뛰고 구르고 장난치는 아이를 엄숙한 분위기의 어른들 모임에 데리고 가서 '조용히 있어라.' 해보세요. 그건 이 아이에게 큰 고통입니다. 그러던 아이도 철들고 어른이 되면 점잖고 조용해지지요. 그와 마찬가지로 사람이 성숙하여 능히 고요를 감당해낼 수 있을 정도로 향상하면 마침내 해탈解脫·열반涅槃의 세계를 지향하게 되는 게 자연스러운 일입니다. 깨달음의 경지는 '열반·적정寂靜'이라는 말로 표현합니다. 지극히 고요한 경지입니다. 그런데 온통 상카아라로 들뜬 우리를 고요한 데 데려다 놓으면 연방 하품하고 졸거나 뛰쳐나오겠지요. 그런 우리에게 부처님은 고요하고 고매한 경지를 능히 즐길 수 있게 되도록 향상의 길을 가르쳐주셨습니다. 담마를 통해서입니다.


## 상카아라의 길, 담마의 길


부처님이 깨달으신 진리의 세계는 실은 이전에도 지금도 우리 앞에 활짝 열려 있습니다. 그러한 진리의 세계에 우리가 못 들어가고 못 누리는 건 그 세계가 멀어서도 아니고, 그 입구가 좁아서 비집고 들어가기 힘들어서도 아니고, 들어갈 사람들 간에 경쟁이 심해서도 아닙니다. 우리가 상카아라 때문에 그렇게 열려 있는 그 세계를 못 보는 것뿐입니다. 그 세계가 우리를 거부하는 게 아닙니다. 우리가 상카아라에 휩쓸리는 한 고요 적정의 경지인 열반의 세계를 알 수도 없거니와 설혹 알더라도 이를 감당하지 못합니다. 못 들어가는 것도 문제지만 들어가도 감당을 못한다는 말입니다. 중생이 그 세계를 감당할 만큼 성숙되지 못했다는 데 문제가 있을 뿐입니다. 부처님은 당신이 깨달으신 진리의 세계에 이르는 길을 소소영영히 가르쳐 주셨습니다. 그것이 담마입니다. 요컨대 부처님은 우리로 하여금 진리에 이를 수 있도록 상카아라를 가라앉히고 향상을 이루어나가는 삶을 살도록 담마를 제시하신 것입니다.

상카아라와 담마는 뚜렷이 대조되는 축입니다. 경에도 이를 시사하는 말씀이 있습니다.

**나는 오로지 '고苦와 고의 멸滅'을 말할 뿐이다.[1]**

---

1 "비구들이여, 예나 지금이나 나는 고와 고의 멸을 말할 따름이다. *Pubbe cāhaṃ bhikkhave etarahi ca dukkhañceva paññāpemi dukkhassa ca nirodhaṃ*."《중부》I, 22경 〈뱀의 비유 경*Alagaddūpama sutta*〉, PTS 140쪽.

부처님이 하신 이 선언은 '이 세상 삶에는 두 길, 고를 낳는 길과 고를 멸하는 길이 있다.'는 말씀입니다. 그런데 부처님은 왜 '고와 고의 멸, 두 가지만 말한다.' 고 하시는가? 이 가르침은 사성제四聖諦[2]에 담겨 있습니다. 부처님 가르침의 핵심인 사성제는 고성제苦聖諦·집성제集聖諦·멸성제滅聖諦·도성제道聖諦입니다. 고성제와 집성제는 고를 낳는 길이고, 멸성제와 도성제는 고를 멸하는 길입니다. 그런데 고를 낳는 길은 십이연기十二緣起의 순관順觀을 따르고, 고를 멸하는 길은 십이연기의 역관逆觀을 따릅니다. 십이연기는 무명無明-제행諸行-식識-명색名色-육처六處-촉觸-수受-애愛-취取-유有-생生-노사老死입니다.[3] 십이연기의 순관은 '무명이 있으면 제행이 있고 행이 있으면 식이 있고, … 생이

---

2 활성 스님, 소리 셋 《불교의 시작과 끝, 사성제》, 〈고요한소리〉 참조.

있으면 노사가 있다'고 관觀하는 것입니다. 즉 십이연기의 순관을 따르면 제행은 무명 때문에 있고, 행 때문에 윤회 세계가 형성, 전개됩니다. 이것이 사성제 표현으로는 집성제입니다. 이와는 반대로 십이연기의 역관은 '노사가 없으려면 생이 없어야 하고 생이 없으려면 유가 없어야 하고, … 제행이 없으려면 무명이 없어야 한다'고 관하는 겁니다. 십이연기의 역관을 체득하여 행의 전개를 막고, 그 궁극 요인인 무명을 없애는 것, 이것이 고를 멸하는 길인 멸성제입니다. 이를 정리하면 고를 낳는 길을 '상카아라'라 하고 고를 멸하는 길을 '담마'라 한다는 것입니다.

---

3  십이연기 각 항목의 빠알리어는 다음과 같음: 무명-아윗자*avijjā*, 제행-상카아라아*saṅkhārā*, 식-윈냐아나*viññāṇa*, 명색-나아마루우빠*nāmarūpa*, 육처-살라아야따나*saḷāyatana*, 촉-팟사*phassa*, 수-웨다나*vedanā*, 애-딴하*taṇhā*, 취-우빠아다아나*upādāna*, 유-바와*bhava*, 생-자아띠*jāti*, 노사-자라아마라나*jarāmaraṇa*.

요컨대 '상카아라의 길과 담마의 길, 두 길'입니다. 달리 표현하면 사바의 길과 지혜의 길, 번뇌의 길과 해탈의 길로 이해할 수 있습니다. 보통 우리 중생은 번뇌의 길을 걷습니다. 거기에는 종교, 철학, 이념 등 사바 세계의 모든 상카아라가 다 포함됩니다. 머리와 마음이 더 복잡해지고, 더 굳어지고, 더 맹목적이 되면서 번뇌의 길을 걷고 있는 겁니다. 즉 고苦의 길입니다. 그런데 그 고를 푸는 길이 있습니다. 고의 멸로 향하는 길, 바로 담마의 길입니다.


　부처님은 이렇게도 표현하십니다.


**　제행諸行은 무상無常이고, 고苦이다. 그리고 제법諸法은 무아無我이다.[4]**

모든 상카아라는 끊임없이 변화합니다. 모든 것은 불변하는 실체가 없습니다. 그 무상無常한 상카아라가 번뇌와 고를 만듭니다. 상카아라는 번뇌의 원인이요, 고를 만들어내는 장본입니다. 그리고 제법이 무아임을 깨닫는 것이 상카아라를 멸하는 길입니다. 상카아라와 담마를 이렇게 보는 것은 불교의 기본 입장이니 이제 이 둘의 관계에 대해 좀 더 생각해 봅시다.

---

4 "비구들이여, 제행은 항상한가, 무상한가?" "세존이시여, 무상합니다."
  "무상한 것은 괴로움인가, 즐거움인가?" "괴로움입니다, 세존이시여."
  "무상하고 변하기 마련인 것을 두고 '이것은 내 것이다, 이것은 나다, 이것은 나의 자아다'라고 보는 것이 타당한가?" "그렇지 않습니다, 세존이시여."
  *Taṃ kiṃ maññatha bhikkhave saṅkhārā niccā vā aniccā vāti? 'Aniccā bhante.'*
  *Yampanāniccaṃ dukkhaṃ vā taṃ sukhaṃ vāti? 'Dukkhaṃ bhante.'*
  *Yampanāniccaṃ dukkhaṃ vipariṇāmadhammaṃ kallannu taṃ*
  *samanupassituṃ: 'etaṃ mama, esohamasmi, eso me attā'ti? 'No hetaṃ bhante.'*
  《중부》I, 22경 〈뱀의 비유 경*Alagaddūpama sutta*〉, PTS 138쪽.

# 상카아라란?

## 상카아라 형성과 변화의 원리

상카아라*saṅkhāra*, 행行은 빠알리어 상*saṃ*과 카아라*khāra*로 이루어진 합성어입니다. 접두어 '상'은 '모이다, 합치다'는 뜻을 갖고 있습니다. 카아라는 '행동하다, 움직이다, 작동하다, 활동하다, 어떤 동작을 하다'라는 까로띠*karoti*에서 나온 말입니다. 영어권에서는 상카아라를 '형성, 형성력'이라고 하고 '활동, 행동' 등으로도 번역합니다. 상카아라는 '모여서 작동함, 모이는 움직임, 집합하는 움직임'을 뜻합니다. 나아가 '모이다'라는 것은 '이루다'라는 뜻을 내포하므로 상카아라는

'집합해서 이루는 움직임, 구성하는 움직임'이라고 확장해서 이해할 수 있습니다. 이렇듯 '형성하는 것, 이루어나가는 것'이 상카아라, 행입니다. 우리는 한문 번역어인 행行이라는 용어를 쓰고 있지요. 엄밀히 말하면 상카아라와 행은 유사하지만 동일하지는 않습니다. 언어가 다르니 똑같은 함의일 수는 없겠지만 상카아라는 무엇들인가가 모여서 '이루다, 만들다, 형성하다' 등의 개념이 강한데 비하면 행은 '가다, 행하다' 등 '이동, 동작' 개념이 강하다고 보여집니다. 이 글에서는 '상카아라, 행'을 병용하겠습니다.

몸과 마음 그리고 세상사 모든 것은 '여러 요소들이 모인 것'입니다. 이 몸뚱이도 지·수·화·풍地水火風 사대와 그 소조물들이 모인 것이지요. 사바세계의 모든 존재는 여러 잡다한 요소들이 모인 겁니다. 모인다는 것은 모양새를 이루게 된다는 말입니다. 사람도 색色·수受·상想·행行·식識이 모인 거잖아요. 삼라만상이 모이지 않은 것이 하나도 없습니다. 물체란 분자들의 모임이고, 분자는 원자들의 모임이고, 원자는 소립자들의 모임이지요. 원자는 물질이라고 볼 수도 없는 아주 미세한 요소들의 모임입니다. 이 우주에 최소 기본 단위라는 것은 없고, 제일 미세해 보이는 것도 다 '모여서 만들어진 것'이지요. 그게 바로 사물을 형성하는 상카아라의 원리입니다.

제행諸行을 나타내는 상카아라아*saṅkhārā*는 마지막 모음 아*ā*가 장음으로 상카아라*saṅkhāra*의 복수형입니다. 제행은 세상에 존재하는 모든 것, 세상의 일체사一切事, 유위법有爲法을 말합니다. 여기 유위법은 무위법에 상대되는 말이지요.

제행, 상카아라아가 작동하여 유위법의 세계로 드

러나는 현상이 명색名色입니다. 여러 요소들이 결합하여 형성된 명색은 단지 고정된 결합상태를 유지하는 것이 아니라, 결합 자체가 동적인 움직임을 빚어냅니다. '모여진 것'이 항구적으로 그대로 있는 것이 아니라 끊임없이 모이고 해체하여 변형됩니다. 결합된 채로 있는 게 아니라, 끊임없이 '결합-해체'해 가는 과정과 운동, 즉 상카아라가 있을 뿐입니다. 여러 요소들이 모이고 흩어지는 과정, 그것이 사바세계의 모든 현상입니다.

상카아라의 이러한 성격 때문에 중국에서는 상카아라를 천류遷流라고 해석했습니다. 천류란 말은 '변천할 천遷, 흐를 류流'인데 '변천하면서 계속 흘러가는 것'을 뜻합니다. 모여서 뭔가를 이루어 존재하는 것들이 끊임없는 변화과정 속에 있다는 뜻입니다. 우리 육체는 끊임없이 먹고 배설하는데 배설된 것도 배설 전에는 나의 일부이지요. 배설되면서 떨어져 나가는 겁니다. 그런데 또 끊임없이 먹고 있습니다. 우리 육체에서는 지금 이 순간에도 세포들이 죽어 나가고, 새 세포가 형성되고 있습니다. 세상만사 유위법은 뭔가가 들어가고 나가고 그러는 겁니다. 가만히 있는 것 같아도 가만히 있는 게 아닙니다. 이게 천류이지요. 잠시도 멈추지 않고 변천하면서 흐릅니다. 그렇다고 죽으면 멈춥니까? 죽으면 분해되어 지地·수水·화火·풍風으로 돌아가잖아요. 내내 돌아갈 뿐 멈추는 건 없습니다. 생-노-병-사, 우리는 잠시도 멈추지 않고 늙어가고, 병들고, 죽어가고, 또 태어납니다.

그래서 제행무상諸行無常입니다. 세상 모든 것이 잠시도 어떤 상태나 위치에 머물지 않습니다. 위치가 변하든 형상이 변하든 자꾸 변합니다. 새로운 요소가 가담하거나 기존 요소가 탈락하면서 변화하지요. 시간·

공간이라는 요소도, 심리적 요소도, 물리적 요소도 계속 가담하거나 탈락하면서 변화합니다. 신神도, 영혼도, 우주도 그 어떤 것도 '변한다'는 사실에는 예외가 없습니다. 여러 요소들이 모이고 형성해가는 제행, 상카아라아는 상대적이고 유동적입니다. 제행무상이어서 어떤 것도 변하지 않는 본체가 없습니다. 모든 삼라만상은 고정된 실체가 없습니다. 그래서 제법무아諸法無我입니다.

## 상카아라는 에너지

상카아라는 움직임입니다. 기운이고 에너지라고 볼 수 있습니다. 상카아라는 끊임없는 어떤 에너지 운동이라 하겠습니다. 에너지가 있어야 움직이지요. 물리적 에너지뿐 아니라 정신적 에너지도 포함합니다. 또한 드러난 것뿐만 아니라 잠재해 있는 것도, 극히 미세한 것까지도 포함하는 아주 넓은 뜻에서의 에너지라 할 수 있습니다. 에너지는 삼라만상을 지탱하고 온갖 생명을 발현시킵니다. 불교에서는 그 에너지를 상카아라라고 합니다. 그런데 물리학에서는 에너지를 궁극 요인으로 보지요. 반면 불교에서는 상카아라를 에너지라고 하지만 궁극 요인으로는 보지 않습니다. 왜? 상카아라는 무명으로 인해 있게 되기 때문입니다. 따라서 굳이 궁극적 요인을 따지자면 상카아라보다는 무명이 더 앞서는 원인입니다.

이처럼 상카아라는 힘, 에너지라고 할 수 있는데 그 상카아라는 가속화되는 성향이 있습니다. 상카아라가 작동하기 시작하면 일정한 속도를 유지하는 게 아니라 자꾸 가속화되어 맹목적으로 치닫습니다. 그렇게 작동하면 사람은 상카아라에 시달리느라 정신이 없어집니다. 몸도 바빠지고 마음도 바빠지고 생각도 바빠지고 정서도 바빠지고 활동도 바빠지지요. 이렇듯 상카아라가 작동하여 가속화되면 일을 냅니다.

상카아라가 세상사 모든 현상을 만들어냅니다. 그럼 상카아라는 어떤 세상을 빚어내는가? 상카아라는 근본적으로 시간과 공간이 어우러진 세상을 빚습니다. 상카아라로 만들어지는 이 세상은 시간과 공간으로 틀이 짜여집니다. 우리는 시간 자체를 경험할 수는 없고, 다만 시간이 작용하는 흔적을 볼 뿐입니다. 해가 떠서 지는 데도, 내가 어딜 가는 데도 시간이 걸립니다. 그것이 우리가 경험하는 시간입니다.

또 '여기'가 있으니까 '저기'가 있지요. 그것이 공간입니다. 내가 차지한 이 위치를 다른 존재가 겹쳐서 차지할 수는 없으니까, '뭔가가 독점적으로 점유한 공간'

이라는 생각을 하는 겁니다. 그것이 우리가 경험하는 공간입니다. 그런데 내가 앉은 이 공간이 다차원으로 경험된다면, 내가 물리적으로 점하고 있는 이 공간에 다른 차원의 존재가 앉아 있을 수도 있겠지요. 귀신이 앉아 있을 수도 있고요. 그런 경우도 상카아라에 속하는 것이니까 결국 상카아라는 시·공간으로 형성됩니다. 그런데 이 세상과 대비되는 열반에는 시간도 공간도 없습니다.

상카아라에 의해서 빚어지는 것은 자연계만이 아니라 사회도 그렇습니다. 나하고 누군가가 만나 협력하기도 하고, 남자와 여자가 어울려 자식을 낳고 가정을 이루기도 합니다. 이것도 '합하여 빚어내는' 상카아라입니다. 국민이 모여서 국가를 이루고, 인간들이 모여서 인류사회를 이루고, 또 자연과 인간이 모여서 생태계를 이룹니다. 상카아라는 이 자연과 사회를 이루고 돌아가게 하는 에너지입니다. 세상이 그런대로 잘 굴러가는 것처럼 보이게끔 질서를 만드는 힘이 상카아라입니다. 과학 용어를 빌리자면 그것은 하나의 진화체계입니다. 겉으로 보면 상당히 부드럽고 원만하게 진행되는 것 같지만 그 내면을 보면 존립을 위한 피나는 투쟁이 진행되고 있지요. 그런데도 우리는 그 질서에 익숙해져서 그게 세상사려니, 인생사 다 그러려니 예사롭게 보고 말지요.

여러분, 부처님이 상카아라라는 용어를 쓰신 취지를 아는 것이 중요합니다. 우리가 그 취지를 안다면 제행무상을 말로 아는 데 그칠 일이 아닙니다. 무엇보다 태어나서 성장하고 병들고 늙고 죽어 다시 태어나는 '나 자신'이 다름 아닌 상카아라아, 제행이라는 사실을 인식해야 합니다.

부처님은 인간을 색色·수受·상想·행行·식識, 다섯 가지 덩어리, 즉 오온五蘊의 결합과정으로 정리하시고, 그 또한 무상하다고 말씀하십니다. 예를 들면 몸은 색온色蘊이지요. 우리는 몸을 한 덩어리로 생각하지만 실제로는 머리에서부터 발끝까지 갖가지 요소들이 끊임없이 생성되고 탈락되어 가는 과정 그 자체가 하나의 덩어리를 유지하는 동적 과정입니다. 식識도 식 요소들의 집단인 식온識蘊입니다. 이 색·수·상·행·식 다섯 덩어리가 결합되어 불변체로서 객관적으로 존재하는 것이 아니라, 끊임없이 형성되고 변화합니다. 결합하고 떨어져 나가고, 또 결합하고 떨어져 나가고 하는 일련의 연속적 흐름입니다. 그렇기에 오온은 일시적이고, 임시로 결합한 것이어서 오온가합五蘊假合이라고 합니다.

그런데 여러분도 알다시피 오온에 집착이 붙은 것이 오취온五取蘊입니다. 그 말은 오온에 집착이 붙어서 오온이 다섯 가지 집착 덩어리들로 존재한다는 뜻입니다. 집착형태로서의 색色, 수受, 상想, 행行, 식識인 것입니다. 오온도 번거로운데, 더욱이나 집착 덩어리로서 날뛰고 있으니까 얼마나 요란하겠습니까? 우리의 온갖 선입견, 가치관, 편견들, 그리고 숱한 느낌들이 뒤범벅이 되어 별 요상스런 제행을 다 불러일으킵니다. 몸과 마음은 끊임없는 요동과 변화를 겪고 있기에 잠시도 편안할 틈이 없습니다. 그렇게 보면 집착이 붙은 행, 상카아라는 대단히 번거롭습니다. 우리 중생은 대단히 번거로운 오취온입니다. 이에 반해 집착이 떨어진 아라한은 그냥 오온입니다.

행, 상카아라로 요동치는 오취온, 그것이 우리 중생입니다. 이 세상에 숱한 오취온들이 모여서 복작거리고 있으니 사달이 날 수밖에 없지요. 우리는 그 엄청난 상카아라의 소용돌이 속에서 하루하루 살아가고 있는 것입니다. 가히 고의 삶, 고생苦生을 살고 있다 하겠지요.


## 상카아라의 폭류

예전에는 인간이 비교적 자연과 친화 관계를 이루어왔지요. 그러나 오늘날 인간과 자연은 적대 관계로 변해버렸습니다. 인간은 탐욕심과 분별심을 마구 내어 자연 질서에 혼돈을 일으켰습니다. 인간은 자손이 잘 살기 바라면서도 집착으로 인한 상카아라의 폭류로 자손이 살아갈 환경을 다 파괴해 버립니다. 인간은 어처구니없이 완고하고 어리석습니다. 이것이 치암癡闇입니다. 인간이 치암에 사로잡혀 정신없이 상카아라를 짓다 보면 어느덧 자식들, 손자들은 다 죽어나게 생겼습니다.

인류 역사도 상카아라의 흐름입니다. 어떤 때는 급경사를 만나서 폭포처럼 가속화되고, 어떤 때는 급회전하면서 맹렬한 소용돌이를 칩니다. 인류 역사상 그런 급격한 변화가 자주 있는 것은 아닙니다. 제가 보건대 불의 발견, 철기의 발명으로 커다란 변화가 있었고, 오늘날 철기시대가 종언을 고하면서 인류 역사상 또다시 근본적인 전환기를 맞는 것 같습니다. 그러다 보니 한 치 앞을 내다볼 수 없고 미래에 대한 조망이 서지 않는 시대를 살아가고 있습니다. 속도만 빨라지는 것이 아니라 방향도 바뀌는데, 역사의 방향이 어디로 어떻게 바뀔지 모르는 불안마저도 이 시대 흐름의 한 특징을 이룹니다.

'뭐가 되든 어찌 되겠지, 설마 파멸이야…….' 하고 무턱대고 내달리고 있습니다. 이처럼 이 시대 상카아라의 흐름은 폭류를 이룹니다. 어느 누구도 확고한 미래 비전을 제시하지 못합니다. 누군가 그럴듯한 말이라도 한마디 하면 모두들 몰려가 거기에서 의지처를 구하고 위안을 받으려고 합니다. 사람들의 불안과 공포를 타고 온갖 종교가 맹위를 떨칩니다. 이처럼 이 시대 인류가 만드는 상카아라의 폭류는 그칠 줄 모릅니다.

어떻게든 인류가 이런 상카아라의 폭류에서 벗어나고 멸망하는 걸 늦추어야 하지 않겠습니까. '상카아라를 어떻게 하면 좀 가라앉힐까?' 하는 관심과 노력이 절실히 요구되게 됩니다. 부처님이 중생을 위하여 상카아라가 무엇인지, 상카아라를 어떻게 가라앉히는지 체계적으로 설하셨습니다. 이런 시대에 어떻게 부처님 가르침에 주목하지 않을 수 있겠습니까. 보편 진리인 부처님 담마가 절실한 겁니다.

정리하자면 상카아라는 여러 요소가 합쳐 도도히 흐르는 에너지입니다. 무명이 있는 한 상카아라는 세상의 여러 요소를 합치고 끝없이 무엇인가를 빚어냅니다. '합쳐서 무엇을 빚어내는 과정'이 상카아라이지요. 뭔가 합쳐서 빚는 것이 상카아라이므로, 반대로 그 요소들을 낱낱이 분리하면 상카아라는 가라앉겠지요. 우리 수행은 이런 상카아라를 가라앉히기 위해 여러 요소를 일일이 분해하여 가라앉히는 작업을 하는 겁니다. 그리하면 합쳐서 시끄럽고 벅적지근하던 상카아라의 폭류도 가라앉아 조용해집니다. 우리는 상카아라의 행태를 잘 살피는 눈이 필요합니다. 중생들이 세상을 파악하는 눈을 뜨게끔 부처님이 시설해

주신 것이 담마입니다.

# 담마란?

## 담마는 한 가지 뜻이다

부처님이 세우신 담마란 무엇인가? 담마는 빠알리 어로 담마*Dhamma*이고 산스크리트어로 다르마*Dharma* 입니다. 중국에서는 '법法'이라고 번역했습니다. 법은 세상을 다스리고 통치하는 질서로 세속법에는 형법, 민법, 국제법 같은 것이 있지요. 그런 세속적인 개념 을 가지고 부처님이 가르치신 담마를 표현하는 게 과 연 적절한가 하는 문제가 제기될 수 있습니다. 담마는 불교 역사상 이천 오백 년이 넘도록 많은 지역과 문화 권에서 여러 용어로 번역되어 왔습니다. 그 결과 담마를 대하는 태도도 시대마다 달라졌지요. 그러다 보니 담마의 뜻도 대단히 애매모호하게 되어버렸습니다. 담마처럼 아무 데나 다 갖다 붙여 사용하는 단어도 드물 겁니다. 심지어 《금강경》에는 '나중에는 법도 마땅히 버려야 되거늘 하물며 비법非法이랴?' 하면서, 담마를 버리는 대상으로까지 봅니다. 이렇다 보니 담마는 누구나 아는 듯싶다가도 제대로 설명하지는 못하지요. 담마는 불교계의 가장 어려운 딜레마를 제공해 주는 용어이기도 합니다. 이제 우리는 부처님이 담마를 설하신 원래 취지가 무엇인지 파악하여 담마의 뜻을 제대로 살려내야 하지 않겠습니까?

부처님 담마는 최상승의 진리로 이끄는 가르침을 뜻합니다. 그런데 세속적인 질서를 바로잡는 법이라는 용어를 가져다 쓰는 바람에 담마는 이중성이랄까, 전혀 다른 두 가지 면모를 지니게 되었습니다. 그 때문에 담마를 이해하는 데 어려울 수 있습니다. 하지만 중국의 법 개념에 나타난 '질서'가 물질적, 사회적 질서뿐 아니라 우리 사고의 질서, 가치관까지 포함한다면 법이라는 말이 그런대로 하나의 일관된 의미를 띠게 됩니다. 나아가 '질서' 개념 속에 정연한 체계성까지 포함한다면 이때 담마의 개념은 불법佛法으로서 수미일관하게 됩니다. 힌두교에서 쓰는 다르마Dharma라는 단어 역시 담마의 뜻을 교란시키는 역할을 합니다. 다르마는 광의의 뜻으로 쓰이는데 종교, 법, 윤리적 덕성, 의무, 권리, 정의, 도덕, 윤리 등 뜻이 넓기는 하지만 주로 '법치, 의무'를 중심으로 나래를 편 것이 아닌가 생각됩니다.

중국에서 담마의 번역어로 '법'을 일단 채택하고 나서는 '법'이라는 용어에 불교적 뜻을 담아 새롭게 가르치는 데 치중해 왔습니다. 법이라는 용어는 원래 법가 法家에서 보듯 춘추시대에 도덕보다 엄격한 국가통치의 수단으로 생각했던 세속 차원의 개념인데 이를 초세간 개념의 담마의 역어로 삼으니 무리가 따르지 않을 수 없었겠지요. 처음에는 소화시키기 힘들었겠지만 오랫동안 꾸준히 노력하다 보니 마침내 '법' 하면 세속과는 전혀 다른 차원의 이야기라고 이해하게끔 되었습니다. 그런데 서양에서는 중국과 사정이 다릅니다. 서양 사람들은 담마를 뜻하는 적절한 말을 찾다가 결국은 적당한 말이 없다고 '담마' 그대로 쓰기도 하고, 경우에 따라 각각 다른 용어로 번역하는 식으로 흘러간 것 같습니다.

영국의 불교학자들은 '경전을 쭉 살펴보니 담마의 뜻이 적어도 38가지 있더라.'고 했습니다. 그래서 결국은 '안 되겠다, 그때그때 적합한 용어를 쓰자.' 하는 태도를 굳힌 것 같습니다. 38가지의 뉘앙스를 경우에 따라 적당한 용어로 표현하는 게 담마의 뜻을 정확하게 전달하는 방법이라고 생각했겠지요. 그러니 문맥에 따라 법law이나 본성nature을 쓰기도 하고, 가르침teaching이나 진리truth라는 말을 쓰기도 합니다. 또 일체의 모든 사물, 사상, 현상이라는 뜻을 담기 위해서 현상phenomena, 사물things, 혹은 정신 현상mental phenomena, 정신적 대상mental object이라고 번역하기도 합니다. 서양에서는 '그렇게 많은 뜻을 담고 있는 담마라는 용어를 어떻게 한 단어로 깔끔하게 번역할 수 있느냐?'는 입장입니다. 그러면서 중국에서 '법' 한 단어로 번역한 것을 두고 그처럼 무모한 시도는 없다고까지 말합니다. 이렇게 된 데는 반드시 어떤 연유가 있을 텐데 저는 서양 사람들이 다르마와 담마를 동일시한 데서 비롯된 게 아닌가 생각합니다. 서양의 번역이 왜 그렇게 되었는지 이해는 되지만 담마는 불교의 기본 축인데, 기본 축이 그렇게 다양한 용어로 흩어져 버리니까 우선 담마의 진정한 의미가 살아날 수 없게 됩니다.

제 생각에 담마는 딱 한 가지 뜻이 있을 뿐입니다. 부처님은 개념을 정확하게 표현하기 위해서 한 대상에 한 단어씩 쓰셨다고 생각합니다. 부처님이 담마를 설하시기 위해 사용하신 모든 용어의 개념은 각각 한 가지 뜻으로 보아야 하지 않을까 생각합니다. 따라서 '담마Dhamma'라는 용어도 마찬가지입니다. 만약 38가지 뜻이 필요하면 38개 용어를 만드셨을 겁니다. 부처님은 언어를 새로 만들고 쓰시는 데 자유자재하셨습니다.

그런데 영어 번역에서는 대문자 담마Dhamma와 소문자 담마dhamma로 구분해서 사용하지요. 대문자 담마는 '부처님 가르침'을 지칭하고, 소문자 담마는 '현상'을 가리킨다고 합니다. 이처럼 소문자 담마로 쓰면서 '현상'이라고 해버리면, 부처님이 말씀하신 담마의 뜻은 대단히 모호해져서 그 중요성이 희석됩니다. 현상이라는 것도 내내 부처님이 가르치셨기에 세상의 일반 현상인 담마dhamma 역시 부처님 가르침인 담마 Dhamma에 수렴됩니다. 그러니까 대문자 담마와 소문자 담마가 따로 있는 게 아니라 하나의 담마가 있을 뿐입니다.

부처님이 말씀하신 담마에는 분명한 하나의 뜻이 있습니다. 다른 말로써는 전할 수 없는 뜻, 꼭 '담마'라는 용어로써만 전할 수 있는 부동不動의 뜻이 있습니다. '담마는 부처님이 진리를 풀어 가르치며 쓰신 방편 체계'라는 것입니다. 담마는 우리에게 전달된 부처님의 가르침입니다. 이 부동의 뜻을 정확하게 이해하는 것이 중요합니다. 담마를 다양하게 분류해서 그 뉘앙스의 차이가 있다고 논하는 건 부처님의 원래 뜻과는 거리가 있습니다. 따라서 부처님이 우리에게 꼭 전하고 싶으셨던 담마가 무엇인가를 이해해서 그 가르침을 확고하게 새기는 것이 중요합니다.


## 담마, 사람을 사람답게 하는 가치체계


앞서 '담마에는 하나의 뜻이 있다.'고 보았습니다. 그러면 서양에서 쓰는 소문자 담마dhamma, 즉 '사물'이나 '현상'으로 번역되는 담마는 어떻게 이해해야 할까? 여기 돌덩어리가 하나 있는데, 이걸 그냥 범부가 보면 돌입니다. 그렇지만 담마로 보면 그 돌은 명색名

色이고 또 제행諸行입니다. 이 돌을 볼 때, '이놈은 어디서 와서 어디로 가고, 어떻게 변하는 것이며, 도대체 뭐냐?' 하는 진리 탐구의 눈으로 보면 돌이 아니라 담마의 소식인 겁니다. 따라서 같은 돌이되 그것을 대하는 태도에 따라서 상카아라아도 되고 담마도 됩니다. '모든 것은 제행이자 법이다.'라고 할 수 있습니다.

여러분, 어쩌면 동물들도 다 나름대로 사물을 알아차리는 인식 틀이 있을 것입니다. 하지만 담마는 의意를 가진 존재인 사람만이 이해할 수 있는 것입니다. 부처님은 안·이·비·설·신의 육처六處를 설하시면서 '의意, 마노mano'의 짝으로 '법, 담마'를 강조하셨습니다. 다시 말해 부처님이 사람의 특별한 능력인 마노, 의意를 들어 우리가 담마, 법을 이해할 가능성을 제시하셨습니다. 마노의 대상으로 인식하고 파악할 때는 모든 것이 담마가 된다는 말입니다. 그리고 그걸 더 보편화해서 '모든 만물도 담마'라고 하셨습니다. 만물은 부처님 가르침에 수렴되니까 그 수렴되는 면을 담마라고 하신 것입니다.

빠알리어로 '담마'는 어원이 '드르*dhṛ*'인데 원뜻은 '뒷받침하다, 지탱하다, 운반하다'는 뜻이랍니다. 그러고 보면 담마는 '중생을 지탱하는 것, 중생을 운반하는 것'이라고 해석할 수 있습니다. 중생을 지탱하고 열반으로 운반하는 배, 그것이 담마입니다. 담마는 자연을 지탱하는 질서이자, 사회를 지탱하는 법칙성을 의미하기도 합니다.

정리하면 부처님 가르침인 담마는 '인간을 인간답게 만드는 도덕적 법칙성'이라고 하겠습니다. 형식주의와 질서 지향의 윤리가 아니라 인간으로 태어난 목적을 달성시키는 도덕성, 그리고 그에 기초한 가치체계로 담마를 이해할 수 있습니다. 결국 사회적 규범보다는 훨씬 근원적인 의미의 가치체계를 담마라 하겠습니다. 세속 세계의 윤리 도덕도 모두 포괄하되 보다 본원적인 의미에서의 윤리 도덕성입니다. 담마는 사람을 향상하는 존재가 되도록 이끌어주는 원칙이고 질서입니다. 따라서 담마는 사람을 사람답게 만드는 가치체계입니다.

## 담마, 진리로 건너가는 다리

진리와 우리의 관계에서 볼 때, 담마는 '부처님이 진리를 표현하기 위해 쓰신 언어체계'이자 '진리를 표현하는 수단'이라고 할 수 있습니다. 원칙상 진리는 언어화될 수 없습니다. 진리는 시공을 초월하기에 시공에

묶여 있는 인간의 언어로 표현될 수 있는 성질의 것이 아닙니다. 진리는 인간이 무엇이라고 부르든 그 말과 관계없이 스스로 있는 겁니다. '진리는 이것이다.'라고 진리를 언어에 담는 순간 그건 이미 진리가 아닙니다. 언어란 시공의 제약을 받는 인간들이 만든 구차한 수단입니다. 우리 중생은 언어생활밖에 못 하는 미혹 중생입니다. 때문에 진리는 우리 손에 직접 닿지 않습니다. 진리를 말로 표현하면 그건 명색名色일 뿐입니다.

부처님이 '명색은 가짜 담마mosadhamma요, 열반은 진리이다.'[5]라고 말씀하십니다. 우리가 태어나서 늙고 병들고 죽는 삶, 인생 전부가 가짜 담마입니다. 옛날 조사 스님들이 이 가짜 담마의 세계를 '환幻'이라는 어

---

5 "Taṃ musā, yaṃ mosadhammaṃ. Taṃ saccaṃ, yaṃ amosadhammaṃ nibbānaṃ." 《중부》 III, 140경 〈요소 분석 경Dhātuvibhaṅga sutta〉, PTS 245쪽.

려운 언어로 표현하였지요. 결코 언어로는 표현할 수 없는 것이 진리입니다. 설혹 깨달은 이가 언어로 진리를 아무리 잘 표현한다 해도 그것은 진리 자체가 아닙니다. 또한 듣는 사람마다 제각각 다르게 이해할 수밖에 없기도 합니다. 언어란 그런 한계가 있는 건데, 부처님이 그런 언어를 써서 진리를 전할 수밖에 없었으니 얼마나 힘드셨겠습니까. 옛날 중국 성현들도 '가르침을 알아듣는 지기知己를 만나기 어렵다.'고 했습니다. '지기 하나 만나면 참 인생을 산 보람이 있다.'고 했을 정도이니까요.

그러니 부처님 가르침의 높은 뜻을 알아듣는 사람 만나기는 얼마나 어렵겠습니까? 오죽하면 부처님도 깨달으신 직후에 '이 소식을 이야기해 봐야 메아리도 없을 것이다.'라며 담마를 펴는 일을 하지 않으려 하셨지요. 그런데 범천왕이 내려와 '그래도 담마를 알아들을 사람이 몇은 있을 것이니 포기하지 마십시오.' 해서 담마를 펴시게 됩니다.[6] 부처님은 진리를 직접 보고 아시는 분이지만, 당신이 보고 아는 진리를 중생에게 전하시려면 도리없이 언어를 통하는 수밖에 없었습니다. 진리를 손에다 쥐어줄 수도 없고, '여기 봐라' 하고 보여줄 수도 없지 않습니까. 결국 부처님은 중생들에게 언어로 진리를 전하려고 노력하셨습니다.

부처님은 그런 본질적 한계를 지닌 언어의 체계 속에 진리를 효율적으로 담아내는 데 성공하셨습니다. 그리하여 담마의 언어가 형성되었습니다. 부처님이 진리를 담아낸 그 언어체계가 바로 담마입니다. 언어에 갇힌 중생과 진리 사이에는 엄청나게 큰 거리가 있는데, 그걸 이어주는 다리가 없습니다. 부처님은 우리 중

---

6 《중부》I, 26경 〈성구경聖求經 *Ariyapariyesanā sutta*〉, PTS 168쪽 참조.
  《율장》I, 〈대품*Mahāvagga*〉, PTS 4-5쪽.

생이 한 발 한 발 디뎌 저편 진리에 가닿을 수 있는 다리를 놓으셨습니다. '부처님이 성공적으로 놓으신 다리가 담마이다.'라는 말입니다. 지구상의 여느 종교나 철학과는 달리 불교는 부처님이 정확한 언어체계로 설하신 담마를 통해 진리로 나아가는 길을 가지게 된 것입니다.

부처님이 진리를 깨달으시고 그 진리를 '사성제四聖諦·팔정도八正道'로 표현하십니다. 언어로 표현되면서 사성제·팔정도는 담마가 되는 겁니다. 이 말은 사성제·팔정도가 진리이자 언어로 표현된 담마라는 뜻입니다. 따라서 담마로서의 사성제·팔정도는 언어를 수단으로 하여 진리와 우리를 맺어줍니다. 다시 말해 담마는 언어로 진리를 표현하는 동시에 중생으로 하여금 그 진리의 세계로 건너갈 수 있도록 연결시켜 주는 다리입니다.

진리를 향해서 중생이 제대로 나아가기 위해서는 담마의 언어가 애매모호하지 않아야 합니다. 부처님은 무슨 용어이든 개념을 정확하게 규정하셨기 때문에 담마는 한 말씀 한 말씀이 의미가 명확합니다. 또한 부처님은 문법적 체계에 통달하신 분이므로 부처님이 설하신 담마는 대단히 체계적이어서 오해할 여지가 별로 없습니다. 그 체계성이 어느 정도냐 하면 담마의 언어들은 그물의 코와 같아서 어느 하나를 붙잡아도 다른 모든 것들이 딸려오게 되어 있습니다. 부처님 담마는 그토록 정확하고 체계적으로 또 효율적으로 시설되어 있기에 혼란스러울 리 없고, 알아듣지 못할 리 없습니다. 담마는 그 체계적 질서 때문에 허물어질 수가 없습니다. 부처님 말씀은 참으로 자로 잰 듯 정확합니다. 부처님은 담마를 시설하시면서 새로운 용어들과 언어 체계를 만들어내셨습니다. 이렇듯 부처님은 독자적인 언어 창조를 통해 당신이 깨치신 내용을 담마로 설하는 데 성공하신 전무후무한 분입니다.

만약 담마가 이해하기 어렵고 혼란스럽다고 느낀다면, 그것은 부처님의 높은 뜻을 알아들을 만큼 우리가 성숙하지 못한 탓일 것입니다. 그러면 부처님 가르침의 취지는 무엇인가? 부처님이 담마를 설하신 궁극적 취지는 당신이 깨달은 해탈·열반의 소식을 우리에게 정확하게 전하시는 데 있습니다. 해탈·열반의 소식을 정보 차원에서 말씀하신 게 아닙니다. 부처님은 담마를 통해 해탈·열반을 향해 걸어가야 할 길을 제시하셨습니다. 부처님이 담마를 설하신 것은 오로지 중생의 고苦를 멸하기 위해서이지, 관념적이고 철학적인 지식을 전하시려는 게 아닙니다. 이처럼 담마는 고의 멸을 지향하는 실천적 가르침이기에 '담마에 의지하라.'는 것이고, '담마로써 삶을 영위하라.'는 것입니다. 담마는 실천적 성격을 강하게 띠고 있습니다. 담마의 실천적 취지를 이해하고 우리 삶에서 실천해야 담마를 제대로 받아들이는 것이 됩니다.

담마는 중생이 진리를 향해 나아가는 길에 대단히 효율적인 역할을 해왔습니다. 인도의 바라문이나 크샤트리아나 심지어 수드라나 노예 계급까지도 누구든지 다 부처님을 만남으로 인해 진리를 알아듣는 말귀가 열렸지요. 뿐만 아니라 부처님 떠나시고 나서도, 또 멀리 떨어진 이 땅에도 부처님 담마가 전해져서 우리까지도 부처님 지혜의 은덕을 입고 있습니다. 어떻게 부처님 은덕을 입게 될까요? 담마 안에 묘한 장치가 되어 있어서 부처님이 설하신 담마 언어에 우리가 친숙해지고 그 뜻을 하나씩 이해해가다 보면 어느덧 부처님이 가르치시는 더 높은 세계에 눈이 열리게 되는 은덕을 누리게 됩니다. 우리 중생은 담마라는 다리를 한 걸음 한 걸음 걸어 진리를 향해 나아갈 수 있습니다.


## 담마, 하나의 틀


담마에는 얼핏 보기에 수많은 내용이 있는 것으로 보입니다. 그러나 그렇게 다양한 내용도 결국은 하나로 집약되는 구조를 갖고 있습니다. 예컨대 사아리뿟따Sāriputta는 '십이연기十二緣起 각 항목들은 서로 의지하고 있어서 하나라도 빠지면 다 무너진다.'고 했습니다. 십이연기에서 각 항목들은 어느 것도 빠질 수 없는 하나의 고리로 연결되어 있습니다. 십이연기만 그런 것이 아닙니다. 담마의 여러 용어 개념들도 긴밀한 상호관계 속에서 서로의 특성을 잘 유지하도록 정연하게 맺어져 있습니다. 그것이 담마의 특성입니다.

부처님이 말씀하신 담마의 모든 개념들도 따로따로 고립된 것들이 아닙니다. 담마의 여러 개념들은 서로 유기적으로 연결되어 있습니다. 사성제四聖諦, 팔정도八正道, 십이연기도 서로 연결되어 있습니다.

　불교 개론서들을 보면, '불교는 사성제다.'라는 말이 나옵니다. 사성제는 간단한 체계이지만 그 체계성 때문에 불교의 핵심이 망가지지 않고 유지될 수 있습니다. 사성제는 체계상 간단명료하지만 그 안에 함축된 내용은 무궁무진하게 깊습니다. 팔만사천 모든 법문이 고성제-집성제-멸성제-도성제, 즉 사성제를 설명하는 데서 나왔다고 할 수 있습니다. 사성제는 고苦·집集·멸滅·도道 네 항목이 서로서로 연결된 체계를 갖고 있습니다. 부처님은 고와 고의 멸을 설했을 뿐이라고 말씀하셨듯이 고성제苦聖諦를 통해서는 '우리가 고苦 속에 있다.'는 문제를 제기하고 지적하고 깨우쳐 주십니다.

이 고의 문제에 대한 투철한 인식만 이루어지면 고苦의 원인을 설명하는 집성제集聖諦와 고를 해결하는 멸성제滅聖諦는 당연히 이어지는 것이지요. 그리고 그 멸성제를 구체화시키는 것이 도성제道聖諦입니다. 그런데 고와 고의 멸, 고의 문제 제기와 문제 해결은 표리관계 아닙니까? 동전의 앞, 뒤입니다. 고에 대한 인식이 있어야 고를 멸할 수 있으니까요. 고를 멸한 상태가 해탈·열반이니까 부처님은 오직 열반을 설하신 겁니다.

팔정도도 십이연기도 결국은 사성제로 귀결됩니다. 우선 십이연기는 순관에서 고苦의 발생을, 역관에서 고의 멸을 담고 있습니다. 그렇기 때문에 십이연기는 사성제에 통합해서 볼 수 있습니다. 팔정도는 고의 멸을 위해 실천하는 길이지요. 십이연기의 역관을 통해 고를 멸해나가는 구체적 방법이 팔정도입니다. 그래서 팔정도는 사성제 가운데 도성제입니다. 십이연기, 팔정도는 다 사성제로 수렴됩니다. 이렇게 부처님은 담마를 완결된 하나의 틀로 우리에게 주셨습니다.

# 상카아라와 담마의 관계

## 상카아라는 고를 낳는 길, 담마는 고를 멸하는 길

이상으로 담마가 무엇인지 간단히 살펴보았습니다. 그렇다면 상카아라와 담마, 둘 사이의 관계는 어떻게 되는가? 《구사론》[7] 같은 전통적 입장에서는 '일체一切가 상카아라이고, 거기에 공空과 무위無爲를 보태면 그게 담마의 세계이다.' 이렇게 이야기합니다. 이런 구분은 담마와 상카아라[行]를 그 영역의 넓고 좁음의 차이로 본 것입니다.

---

7 《구사론》: 원제는 《아비담마 구사론》임. 인도 불교 사상가, 세친 Vasubandhu(316~396) 지음.

그러나 그런 아비담마적 구분은 하나의 형식 논리일 뿐 큰 의미는 없습니다. 부처님이 상카아라와 담마라는 말을 쓰실 때는 그런 범위의 차이를 강조하시기 위함이 아닙니다. '공을 포함하면 담마이고, 공을 포함하지 않으면 상카아라이다.' 그런 말을 하시려고 부처님이 상카아라나 담마라는 말을 쓰셨겠습니까? 부처님이 상카아라와 담마를 두 축으로 시설하신 것은 중생이 실천 수행을 통해 향상하도록 하기 위함입니다.

이제 상카아라와 담마의 관계를 실천 수행의 관점에서 생각해 봅시다. 앞서 보았듯이 '명색名色은 모사 담마, 즉 가짜 담마요, 열반은 진리이다.'라는 말씀이 경에 나옵니다. 상카아라에서 전개되는 삼라만상이 명색인데 그것이 가짜 담마라는 겁니다. 상카아라는 사바세계가 전개되는, 말하자면 가짜 담마가 전개되는 질서입니다. 반면 담마는 진리가 전개되는 질서입니다. 이렇게 볼 때 상카아라와 담마의 관계는 십이연기十二緣起에서 순관順觀과 역관逆觀의 관계라고 할 수 있습니다. 십이연기의 순관은 상카아라의 길이고, 역관은 담마의 길입니다. 잘 아는 바와 같이 십이연기는 무명無明-제행諸行-식識-명색名色-육처六處-촉觸-수受-애愛-취取-유有-생生-노사老死입니다. 십이연기의 순관은 '무명이 있으면 제행이 있고, 제행이 있으면 식이 있고, 식이 있으면 명색이 있고, 명색이 있으면 육처가 있고…'의 순서로 관觀하는 겁니다. 역관은 '노사가 없으려면 생이 없어야 하고, 생이 없으려면 유가 없어야 하고, 유가 없으려면 취가 없어야 하고…'라고 관하는 겁니다. 이처럼 십이연기를 순관하면 상카아라가 전개되고, 십이연기를 역관하면 상카아라가 가라앉아 담마가 드러납니다.

거듭 말하지만 십이연기의 순관은 고苦를 낳는 길이고, 역관은 고를 멸하는 길입니다. 십이연기에서 보면 무명이 있어서 제행이 있습니다. 제행이 있으면 식이 있고 마침내는 생·노·병·사가 있습니다. 그게 고苦의 생生으로 고성제입니다. 무명이 있으면 제행이 전개되어 고가 발생합니다. 요컨대 무명이 있는 한, 진리를 모르는 한, 세상만사를 담마로 볼 줄 모르는 한 행의 흐름을 따라 고苦의 현장인 생-노-병-사를 끝없이 윤회한다는 겁니다. 이렇게 보게 되면 상카아라와 담마에 대한 옛 아비담마적 해석과는 달라집니다.

부처님이 깨달으신 후 담마를 세우실 때, 십이연기의 순관부터 하십니다. 고苦가 도대체 어떻게 생기는가를 궁구하십니다. 순관을 통해 고가 발생해가는 과정, 즉 상카아라가 진행되어 고가 형성되어 가는 과정을 정리하십니다. 십이연기의 순관은 상카아라의 길이요, 고가 생기는 길입니다. 역관은 담마의 길이요, 고를 멸하는 길입니다. 문제 제기의 측면에서 상카아라가 제시되고, 그다음 본격적인 문제 해결의 측면에서 담마가 제시됩니다. 이런 문맥에서 보면 부처님이 중생이 겪는 고의 문제를 해결할 수 있도록 부처님이 정리해 만드신 것이 담마입니다.


## 상카아라는 탐·진·치, 담마는 팔정도

이 세상 모든 문제가 아무리 거대하고 복잡 미묘해 보여도 부처님 담마로 보면 간단명료합니다. 인류의 문제는 결국 상카아라가 고苦를 만든다는 것인데, 상카아라를 어떻게 구체적으로 포착하느냐에 따라서 고를 해결하는 답도 명료하게 나올 수 있습니다. 상카아라의 구체적 양상을 부처님은 탐·진·치貪瞋癡라 하십니다. 탐욕貪慾-진심瞋心-치암癡闇. 부처님이 상카아라의 모습을 먼저 '탐', 그다음 '진' 그리고 '치' 순서로 배열하신 자체가 담마의 체계성을 보여주는 예입니다.

상카아라를 탐-진-치라는 담마의 용어로 정리하니까 고苦의 해결책이 바로 나옵니다. 탐욕에 대해서는 '몸가짐, 마음가짐을 바로하여 탐욕의 불을 안 붙이고 탐욕의 불을 끄도록 노력하는 길밖에는 없다.'라는 실천 방향이 나오지요. 그걸 계행戒行이라 합니다. 탐욕은 계행으로 다스려야 한다는 겁니다.

탐 다음에 진이 나옵니다. 진심瞋心은 무언가를 못마땅해하고, 눈을 부릅뜨고, 싸우고, 지지고 볶는 갈등입니다. 그러면 진심은 탐욕과 어떤 관계가 있는가? 우리가 어떤 욕망을 내는데 그 욕망이 좌절되면 화가 납니다. 그럼 화는 어떻게 다스리느냐? 성낸다는 건 마

음이 부글부글 끓는 것인데, 그걸 다스리려면 마음을
고요히 하는 길밖에 없습니다. 상카아라를 가라앉히
고 고요히 하면 된다는 대답이 바로 나오지 않습니까.
고요히 하는 길은 정定을 닦는 것입니다. 바른 집중[正
定]을 닦는 것이지요.

그런데 계와 정을 닦아서 어느 정도 마음을 다스릴
수 있게 되어도 그 뿌리는 잘 안 뽑힙니다. 그것이 치암
癡闇입니다. 치암은 작은 무명입니다. 치암을 다스리는
길은 빤냐paññā[般若], 지혜밖에 없습니다. 상카아라를
다스리기 위해서는 결국 제행을 다 놓아야 하는데, 그
렇게 놓는 데에 지혜가 본격적인 역할을 합니다. 지혜
를 통해 제행을 다 놓음으로써 담마의 본래 취지가 완
결됩니다.

우리가 고苦의 문제를 해결하려고 하면 그 문제를
제대로 인식하는 데서부터 시작해야 합니다. 여기서

'인식한다'는 말은 그냥 '이게 문제구나.' 하고 아는 정도가 아니라, 해결이 가능한 쪽으로 그 요인들을 배열해서 문제를 체계적으로 질서정연하게 인식하는 것을 말합니다. 문제를 제대로 인식하고 그 문제를 제대로 해결하는 길을 제시하는 것이 담마입니다. 부처님이 시설하신 팔정도는 고-집-멸-도 사성제 가운데 고를 해결하는 길인 도성제입니다. 도성제인 팔정도는 담마이면서 진리에 들어갑니다. 상카아라가 난마처럼 엉클어져 전개되도록 놓아두면 결코 해결이 안 됩니다. 갈수록 문제가 더 꼬이게 됩니다. 세상사를 담마로 보면 고를 해결하는 길이 나옵니다. 그 길이 팔정도입니다.

도성제인 팔정도로 고의 문제를 해결하기 위해서는 문제 자체가 도마 위에 반듯하게 놓여서 어디서부터 어떻게 칼질을 해야 하는지 분명해져야 합니다. 그렇게 문제를 도마 위에 반듯하게 정돈하는 것이 담마입니다. 예를 들면 그릇 하나도 욕망의 대상으로 보면 이건 상카아라이지요. '아, 여기 보기 좋은 그릇이 있는데, 명품이고 비싸네, 내가 꼭 가져야지.' 이게 상카아라입니다. 반면 그릇을 욕망의 대상으로 보지 않고 진리를 추구하는 눈으로 '있는 그대로' 인식하면, 그건 담마로 보는 겁니다. 요컨대 담마는 매우 체계적이어서 상카아라를 탐-진-치라는 용어로 정리하고 고를 멸하는 길인 팔정도와 연결시킵니다.

# 담마로 상카아라를 고요히 하다

## 담마 실천하기

상카아라가 가라앉아 고요해지려면 어떻게 해야 할까요? 앞서 상카아라와 담마를 간단히 살펴보았지요. 부처님은 '제행무상하니 방일放逸하지 말라.'[8]는 말씀을 마지막으로 남기셨습니다. '제행무상하니 방일하지 말라!' 방일이 무엇인가요? 한마디로 방일은 행, 상카아라의 행태行態입니다. 방일은 상카아라의 길을 따

---

8 "모든 형성된 것은 스러지는 법이다. 방일放逸하지 말고 정진하여 해탈을 이뤄내도록 하라. *vayadhammā saṅkhārā appamādena sampādethā*" 《장부》 II, 16경 〈대반열반경*Mahāparinibbāna sutta*〉, PTS 156쪽.

르느라 담마의 길을 게을리하는 것을 말합니다. 상카아라는 조건들이 모여 흐르는 것인데, 거기에 어떤 요인들이 첨가되면 상카아라는 왕성하게 마구 진행됩니다. 모이는 요인들이 많아지고, 요인들이 모이는 속도가 빨라질수록 상카아라의 운동도 점점 증폭됩니다. 마치 눈덩이가 굴러가면 갈수록 커지듯이 제멋대로 강화되는 게 상카아라입니다.

그 때문에 상카아라의 세계는 원초적으로 혼돈입니다. 카오스이지요. 상카아라를 그대로 놓아두면 '제멋대로' 굴러갑니다. 삶을 상카아라에 내맡기는 것이 방일입니다. 중생이 세상만사를 자기 편리한 대로 이해하고 행동과 말과 생활을 제멋대로 하는 것, 그게 방일입니다. 그런데 방일의 반대, 즉 불방일不放逸은 담마를 실천하는 것입니다. 상카아라는 여러 요인들이 모이고 움직이는 것이기 때문에 고요해질 수가 없습니다. 상카아라를 가라앉혀야 고요해집니다. 상카아라와 정반대인 담마를 익히면 몸과 마음이 고요해지는 상태에 도달할 수 있습니다. 담마에 기초한 수행을 통해서 상카아라를 진정시키는 것입니다.

거듭 말하건대 상카아라는 한 찰나도 가만히 있지 않고 변하며 흐르는 것이고, 담마는 그 상카아라를 멈추도록 하는 것입니다. 담마를 실천하는 것이 상카아라를 진정시키는 길입니다. 물론 상카아라도 상카아라 나름의 즐거움이 있긴 합니다. 그런 즐거움은 오래가지 못하고 금새 다른 즐거움으로 옮겨가야 하지요. 중생은 금방 변하는 상카아라의 즐거움과 쾌락을 좇아 일생 이리저리 헤맵니다. 상카아라에 들뜨는 즐거움이란 짧은 행복에 반드시 대가를 치러야 하고 또 밖에서 구해야 하는 상대적인 즐거움이지요. 상카아라가 가라앉아 고요해지면 전에 즐기던 들뜨는 즐거움과는 차원이 다른 평화로운 즐거움을 경험할 수 있습니다. 나아가 선정禪定에 들면 덧없는 시공 안에서는 찾을 수 없는 참으로 높은 경계의 즐거움을 누립니다.

여러분, 여기 〈고요한소리〉의 '고요'가 뭐냐 하면 상카아라를 가라앉힌 경지를 가리킵니다. 상카아라를 완전히 멈추는 것이 열반입니다. 열반은 상카아라가 미동도 안 하여 고요하디 고요한 경지를 말합니다. 고요 적정寂靜에 도달하면 시간과 공간이 내게 영향력을 미칠 수 없게 됩니다. 상카아라는 우리를 윤회에 끝없이 붙들어 매는 장본입니다. 이 상카아라를 가라앉히는 길인 담마를 수행하여 마침내 담마가 명확하게 드러나도록 향상의 삶을 살아야겠지요.

# 신·구·심 삼행 가라앉히기

여러분, 우리 상카아라를 가라앉히려는 노력부터 시작해 봅시다. 여러분이 상카아라를 조금이라도 멈추려 노력한다면 그건 이미 수행입니다. 〈염처경〉에 '신행身行을 가라앉히다'⁹라는 말씀이 나옵니다. '가라앉힘'은 빠알리어로는 사마타samatha이고 한문으로는 '멈출 지止'이지요. 사마타는 상카아라를 멈추는 수행입니다. 그런데 그 날뛰는 상카아라란 놈이 처음부터 바로 멈추어집니까? 안 됩니다. 소가 날뛰면 밧줄이라도 걸어 끌어당겨야 차츰 힘이 빠지면서 멈출 게 아닙니까. 밧줄을 걸어서 힘을 빼고 마침내 멈추어 조용하게 되는 것을 멈춤, 사마타라 합니다. 상카아라는 멈

---

9 《중부》 I, 10경 〈염처경*Satipaṭṭhāna sutta*〉, PTS 56쪽.

추어야 할 대상입니다.

  상카아라, 행에는 신행身行, 구행口行, 심행心行 삼행
이 있는데, 이 삼행을 멈추는 것이 실천해야 할 과제
입니다. 왜 삼행을 거론하느냐 하면 삼행으로 구체화
시켜 이해해야 상카아라를 멈추는 실천에 들어가기가
용이하기 때문입니다.

  그 첫 번째인 신행身行을 봅시다. 크게 보면 몸뚱이
자체가 신행입니다. 우리 몸이 근질근질하고, 쑤석거
리고, 숨을 헐떡이는 것도 다 신행에 들어갑니다. 그런
데 신행의 핵심은 호흡입니다. 즉 들숨 날숨이 신행입
니다. 들이쉬고 내쉬는 숨을 고요히 하는 것이 신행 가
라앉히기 수행의 주된 과제입니다. 뭔가를 억지로 하
거나 행동을 무리하게 하면 호흡이 거칠어집니다. 반
면 몸의 움직임도 거의 없어지고 호흡이 있는 듯 없는

듯한 고요한 경지에 이르면 신행이 멈추는 겁니다. 여러분도 참선하다가 순간적으로 호흡이 가라앉고 몸뚱이도 없어지는 느낌을 경험한 적이 있을 겁니다. 몸이 있으면 호흡이 있고, 호흡이 있는 한 에너지의 흐름이 있게 마련인데 이 에너지의 움직임은 크든 작든 들뜸입니다. 모든 상카아라는 들뜸이 얼마나 강하냐 덜하냐 차이가 있을 뿐입니다. 탐심이나 진심이 일어나면 들뜨기 마련이지요. 상카아라가 왕성해진다는 겁니다. 반면 상카아라가 가라앉을수록 숨결도 고요해집니다. 숨결이 고요한데 몸이 들뜨겠습니까? 몸이 근질근질하고 들쑤시겠습니까?

〈염신경〉에 보면 신행을 가라앉히는 수행방법이 나옵니다.

그는 마음을 집주集注하여 숨을 들이쉬고
마음을 집주하여 숨을 내쉰다.

길게 들이쉬면서는 '나는 길게 들이쉰다.'고 알고,

길게 내쉬면서는 '나는 길게 내쉰다.'고 안다.

짧게 들이쉬면서는 '나는 짧게 들이쉰다.'고 알고,

짧게 내쉬면서는 '나는 짧게 내쉰다.'고 안다.

'온몸을 경험하면서 들이쉬리라.' 하며 공부 짓고,

'온몸을 경험하면서 내쉬리라.' 하며 공부 짓는다.

'신행身行을 가라앉히면서 들이쉬리라.' 하며 공부 짓고

'신행을 가라앉히면서 내쉬리라.' 하며 공부 짓는다. [10]

---

**10** so sato va assasati sato passasati

dīghaṁ vā assasanto dīghaṁ assasāmīti pajānāti

dīghaṁ vā passasanto dīghaṁ passasāmīti pajānāti

rassaṁ vā assasanto rassaṁ assasāmīti pajānāti

rassaṁ vā passasanto rassaṁ passasāmīti pajānāti

sabbakāyapaṭisaṁvedī assasissāmīti sikkhati

sabbakāyapaṭisaṁvedī passasissāmīti sikkhati

passambhayaṁ kāyasaṁkhāraṁ assasissāmīti sikkhati

passambhayaṁ kāyasaṁkhāraṁ passasissāmīti sikkhati

《중부》 III, 119경 〈염신경Kāyagatāsati sutta〉, PTS 89쪽.

이 말씀의 맨 뒷부분에서 '신행을 가라앉히면서'는 '들숨과 날숨을 고요히 하면서'라는 뜻입니다. 여기서 '고요히 한다.'는 것은 호흡을 진정시키는 정도는 물론, 호흡이 거의 없는 상태까지를 뜻합니다. 이처럼 신행을 가라앉히는 수행은 들뜬 몸을 고요하게 하는 것은 물론이고, 들숨과 날숨을 가라앉히는 데까지 이르게 됩니다. 이것이 〈염신경〉에서 제시하는 행, 상카아라를 가라앉히는 수행의 핵심입니다.

두 번째는 구행口行입니다. 여기서 구口는 입이고 구행은 '말'입니다. 말은 생각에서 나옵니다. 경에 구행은 심轟 *vitakka*과 사伺 *vicāra*라고 나옵니다. 심과 사는 생각을 이루는 두 요소입니다. 심轟은 '찾다'라는 뜻인데, 어떤 대상에 생각이 향하는 것으로 우리말에 '떠올리다'라는 말이 적합할지도 모르겠어요. 말하자면 심轟은 어떤 대상에 대해서 생각을 시작하는 과정에 해당합니다. 사伺는 한문으로 '살피다'라는 뜻으로 일단 떠오른 생각을 계속 붙들어 맴도는 상태입니다. 어떤 생각을 하다가 금방 딴생각을 떠올리면 그건 심尋입니다. 그 생각을 계속 붙들고 있으면 그게 사伺입니다. 《청정도론》에서 비유하기를, 벌이 꽃을 향해서 날아가는 것이 심이고, 꽃 위에서 윙윙 맴돌고 있는 것이 사입니다. 심이 크고 엉성하다면, 사의 과정은 더 섬세하고 치밀합니다. 이 심과 사가 보통 우리가 생각의 과정이라고 말하는 것에 해당되며 바로 구행입니다. 그런데 왜 생각을 심과 사로 구분해야 하느냐? 수행을 하다 보면 생각이 일어나는 것과 그 생각이 지속되는 것, 이 두 가지가 구분되기 때문입니다. 이렇게 구분하는 것이 실천 수행에서 대단히 중요한 뜻이 있습니다. 특히 마음챙김 훈련에서는 심과 사로 구분하는 것이 참으로 친절한 설명입니다. 심은 좀 가볍고 이리저리 왔다 갔다 하지만 사는 뭘 계속 붙들고 있는 것이니까, 생각으로 업을 지을 때 심보다 사가 업을 짙게 지을 수 있습니다.

생각이란 것은 하면 할수록 커지고 강해집니다. 예를 들면 '내가 옳다.' 생각하면 터무니없이 더욱 자기가 옳은 것처럼 생각이 굳어지지요. '내가 잘못했다.' 하면서 후회하는 마음이 생기면, 생각할수록 가슴이 아파서 못 견딜 정도의 중압감이 생깁니다. '억울하다.' 생각하면 할수록 나중에는 억울해서 잠이 안 오고, '화가 난다.'고 생각할수록 증오심이 커져 펄펄 뛰게 됩니다. 이처럼 구행은 그것이 행, 상카아라인 한, 눈덩이처럼 자꾸 커지고 가속도가 붙어 더 급하게 흘러갑니다.

여러분, 견해와 생각을 고요히 해보십시오. 생각과

말을 다스리는 수행은 팔정도의 바른 견해[正見] 공부와 연관됩니다. 바른 견해에 입각해야 신·구·심 삼행을 다스리는 팔정도를 걷는 삶이 됩니다. 세상이 시끄러운 것은 사람들의 생각이 시끄러워서입니다. 맹목적으로 상카아라에 들떠 있는 한, 입을 닫고 있어도 속은 시끄럽습니다. 그렇게 속이 시끄러운데 바깥, 즉 세상이 안 시끄러울 수 있겠습니까. 고요해지려면 구행을 가라앉히는 수행을 시작해야 합니다. 심尋과 사伺가 조금이라도 고요하도록, 조금 더 느긋해지도록 하는 실천부터 시작해 보십시오.

아침에 일어나 경을 읽어도 좋고, 염불을 해도 좋습니다. 독경이든 염불이든 어디까지나 구행을 멈추기 위해서 해야지 그 자체가 목적이 되어버리면 바로 맹목적 상카아라가 되어버립니다. 무엇을 하든 왜 하는지 목표를 잘 알고 해야 합니다. 부처님은 상카아라를 미친 듯이 날뛰는 야생 수코끼리에 비유하십니다. 그처럼 미쳐 날뛰는 상카아라를 조금이라도 잠재우는 훈련을 해야 합니다. 그런 훈련을 자기의 말과 행동과 생각과 삶에 적용해 보십시오. 조금만이라도 실천하면 효과는 바로 나타납니다. 당장 거친 말투가 조금이라도 변하면서 부드러워집니다. 구행이 조금 더 가라앉으면 말을 더 천천히 하고 더 어질게 하고 더 자비롭게 하게 됩니다. 그러면 생각과 말과 행동이 한 걸음씩 변해 갑니다. 그런데 행여 주변 사람 바꾸려 들지는 마십시오. 누구든 자신의 상카아라를 스스로 다스려 나가는 길 말고는 달리 길이 없습니다.

세 번째는 심행心行입니다. 심행에는 수受와 상想이 있습니다. 수는 느낌이고 상은 지각인데, 이 두 가지가 심행을 구성합니다. 수와 상은 인간을 구성하는 오온, 즉 색色·수受·상想·행行·식識 가운데서 행, 상카아라를 일으키는 일에서 가장 큰 비중을 차지합니다. 심행은 어떤 사물을 접하면서 일어나는 인식과 느낌이 뒤엉킨 마음의 흐름입니다. 이런 마음의 흐름인 심행은 점점 더 예리해지고 극단적으로 되는 경향이 있습니다. 요컨대 심轉·사伺로 인한 구행과 수受·상想으로 인한 심행이 우리를 이리저리 흔들어 놓습니다. 구행과 심행에 끊임없이 휘둘리는 게 우리의 삶입니다.

　이렇게 우리를 마구 흔드는 에너지를 부처님은 점잖게 '행行, 상카아라'라고 표현하셨습니다. 그리고서는 상카아라는 무상無常하고 고통스러운 것이라고 하셨습니다. 예를 들면 '좋다, 신난다, 분하다, 억울하다, 속이 뒤집어진다' 이거 전부 상카아라의 들뜬 상태를 표현하는 말이지요. 상카아라에 들떠 있을 때 담마는 안 보입니다. 담마의 세계에서는 신바람 날 것도, 억울하고 분통 터질 것도 없습니다. 일단 상카아라의 기운을 가라앉히고 담마의 눈으로 볼 때 대상을 차분하고 냉철하게 파악할 수 있습니다. 담마의 언어로 대상을 파악하면 매우 정확하고 분명하게 그 본 모습을 볼 수 있습니다.

그런데 상카아라가 작용하는 감각기관을 육처六處라고 합니다. 육처는 안眼·이耳·비鼻·설舌·신身·의意이고 대경對境은 색色·성聲·향香·미味·촉觸·법法이지요. 육처六處는 육경六境, 육식六識이 함께 만나서 들러붙는 마당입니다. 처·경·식에서 식識 *viññāṇa*이란 분별해서 아는 능력을 말합니다. 세상을 분별하는 출발점은 주와 객, 나와 너입니다. 그래서 식이 왕성한 사람은 맹목적일 정도로 자기중심적입니다. 나와 남, 내 것과 네 것을 유독 민감하게 구분하기 때문입니다.

식識으로 '나는 좋고 너는 나쁘다, 내 편은 옳고 네 편은 그르다.'고 분별하므로 각종 사달이 발생합니다.

그 때문에 이 세상은 '나, 너'로 편가름을 하고 나와 너의 전쟁터가 됩니다. 예를 들어 안식眼識은 눈을 지배합니다. 어떤 물건을 보고는 '좋다, 나쁘다, 내 것이다, 네 것이다, 갖고 싶다, 너나 가져가라' 하는데, 이건 눈의 죄가 아니고 식과 상의 죄거든요. 눈으로는 대경을 볼 따름인데, 식이란 놈이 상과 같이 와서 멋대로 설치면서 '좋은 거다, 나쁜 거다, 외제다, 국산이다' 하면서 주인 노릇을 하는 겁니다. 이처럼 상카아라가 작용하여 눈, 귀, 코, 혀, 몸, 뜻이 상과 식의 놀이터로 이용되고 있는 상태를 육처라고 합니다. 수와 상이 엉켜 흐르는 심행을 가라앉히면 상과 식의 놀이터로 작용하던 감각기관인 처가 순수하게 기능하게 되고, 그때 그것을 근根이라 합니다. 따라서 우리가 담마를 따를 때에는 육처가 육근六根이 됩니다.

상카아라를 멈추려는 수행을 할 때 위방가vibhaṅga

가 동원됩니다. 위방가는 분석하고 분해한다는 뜻입니다. 상카아라는 여러 요소가 함께 모여서 뭔가를 이루는 성질을 갖고 있기 때문에 분석하고 분해하여 '있는 그대로' 바라보면 상카아라가 가라앉습니다. 이때 분해의 도구가 되는 것이 담마입니다. 상카아라로 이루어진 이 세상이 언뜻 보면 혼돈 같지만, 이게 그냥 단순한 혼돈만은 아니고 나름대로 어떤 법칙성이 있습니다. 여러 요소들이 결합하고 해체할 때는 결합-해체와 관련된 질서를 따릅니다.

예컨대 '나는 좋아'라고 할 때 '나'라고 뭉뚱그려 보지 말고 '사실은 수受와 상想이 작용한 것 아닌가?' 하고 담마로 접근하는 겁니다. 또 '이 신身은 어떤가? 이 식識은 어떤가?' 하면서 분석해 보면 통째로 '나'라고 할 때와는 다른 차원의 이야기가 됩니다. 담마로 보면 이처럼 훨씬 객관적이고 차분하고 냉정해집니다. 세속

적인 언어들이 갖고 있는 뭉뚱그리고 과장하고 흥분
시키는 요인들이 줄거나 빠져나간다는 말입니다. '나
는 네가 너무 좋아, 너무 싫어.'라고 하면 얼마나 감정
적인 말입니까? 또 '나는 빨간색이 정말 싫어.'라고 하
면 얼마나 선언적입니까? 이처럼 표상과 상징이 강한
말을 하려 할 때 우리는 담마의 언어에 비추어보아야
합니다. '지금 저 수와 상이 빨간색에 대해서 혐오감을
느끼는 성질이 강하구나, 빨간색을 거부하는 상카아
라가 축적된 업식業識이 나타났구나.' 이렇게 분석하면
'좋다, 싫다' 하며 들뜰 소지가 없어져 버립니다. 흥분
할 게 하나도 없지요. 그렇게 담마의 언어로써 사물을
보고 받아들이고 생각하고 처리해나가면 심행을 가라
앉히는 실천 수행이 됩니다.

이렇게 심행이 가라앉으면 즐겁게 느낄 것도 없고
고통스럽게 느낄 것도 없고 무덤덤해집니다. '수受'가

가라앉고 '상想'도 가라앉은 겁니다. 전에는 꽃을 보면 인식 경험을 되살려 '참 아름다운 꽃, 매력 있는 꽃'이라는 심행이 일어나서 불이 붙었지만 이제는 '빨간색 꽃, 노란색 꽃이 있구나.' 하고 마는 겁니다. 이렇게 덤덤해지면 '수受'와 '상想'이 결합된 심행이 줄어들고 갈애와 집착이 줄어듭니다. 심행이 가라앉으면 들뜸도 가라앉고 마음이 고요해지는 겁니다.

또한 십이연기에 '행行이 있으면 식識이 있다.'고 했습니다. 그렇다면 행, 상카아라가 왕성하여 들떠있는 사람일수록 식 또한 활발해진다고 볼 수 있습니다. 반면 상카아라가 가라앉으면 식도 가라앉게 되겠지요. 담마 공부는 기본적으로 상카아라를 가라앉히고 식을 넘어서는 것을 지향합니다. 바로 그게 부처님이 십이연기로 가르치고자 하신 바일 것입니다. 또한 '식이 없으려면 행이 없어야 하고, 제행이 없으려면 무명이 없어야 한다.'고 하셨습니다. '십이연기 각 항목이 모두 없어져야 고가 없어진다.'는 말씀입니다. 요컨대 부처님은 '행을 약화시키고 멸하라, 그러면 고苦가 멸한다.'고 하십니다. 이 말씀을 관념적으로만 받아들이지 말고 일상에서 실천해 보십시다. 상카아라를 가라앉히고 멸하는 쪽으로 노력하라는 겁니다. 부처님이 신·구·심 삼행을 시설하신 것부터가 상카아라를 가라앉히는 실천 수행을 권유하신 말씀으로 새겨야 할 것입니다.

여러분, 상카아라를 가라앉힌다고 잃을 게 있나요? 상카아라가 가라앉으면 자칫 '뭐 세상에 낙樂도 없고 그 무슨 맛으로 사나, 맥이 빠진다.'고 하겠지요. 하지만 사실 지금까지 살아온 세상살이 맛이 진정한 맛이던가요? 괜히 고달프고 온갖 인간관계 번잡하고 떠들썩했을 뿐이지요. 상카아라가 가라앉아 잃는 게 있다면 이리저리 헤매고 돌아다니는 걸 잃을 뿐이지요.

그 대신에 어떤 걸 얻느냐? 첫째, 여유 시간이 많아집니다. 전에는 항상 쫓기고 바빴지요. 그러나 이제는 어딜 간다 해도 그게 모두 뻔하지요. 가령 모임에 가봐야 서로 잘났다고 표를 내며 자랑하기 일쑤이지요. 그것도 한두 번이지 지루합니다. 이런 허망한 일들을 정리하면 시간을 얻습니다. 여유 시간이 생겨도 과거 습이 있어서 이것저것 하다가 그것도 어느 정도 지나면 싱거워집니다. 상카아라가 허망함을 알고 들뜸에서 벗어나면 세상 편합니다. 허영과 허세와 들뜸의 병이 사라집니다. 상카아라가 가라앉으면 몸과 마음이 건강해지고 진정한 평온을 누리게 됩니다. 잃을 것은 없고 실로 가치 있는 것을 얻게 됩니다.


또한 상카아라가 가라앉고 담마를 생각하기 시작하면 사람들이 좀 더 여유로워져서 삶의 의미를 생각하고 더 깊은 가치를 찾게 됩니다. 모든 상카아라를 담마의 눈으로 보기 시작하면, 지난날처럼 허망한 짓거리는 안 하게 됩니다. 담마의 이익이 큽니다. 쓸데없는 일에 부지런 떨지 않는 대신 큰 인생경영을 할 수 있습니다. 세상살이로 조그마한 손해와 이익에 매달려 사는 대신 큰 원력을 지니고 살 수 있게 됩니다.

# 상카아라와 깜마業

## 상카아라와 깜마의 관계

우리는 상카아라로 인해 깜마kamma, 업業을 짓게 됩니다. 깜마는 빠알리어인데, '하다, 행하다, 짓다'라는 뜻의 까로띠karoti에서 나왔습니다. 상카아라, 행에는 신행身行, 구행口行, 심행心行 세 가지가 있고, 깜마, 업에는 신업身業, 구업口業, 의업意業 세 가지가 있습니다. '신·구·심 삼행三行, 신·구·의 삼업三業'이라고 하지요. 남방에서는 '행은 곧 업'이라고까지 합니다. 십이연기를 설명할 때, 두 번째 항목인 행을 바로 업이라고 이해하지요. 뿐만 아니라 남방에서는 이생에서 몸 받기 이전 과거 생에서 이미 저질러져 현재의 우리를 제약하는 요인으로 작용하는 업을 상카아라라고 설명합니다.

경을 자세히 보면 남방에서처럼 상카아라와 깜마를 동일시하는 경향이 꼭 옳은 것 같지는 않습니다. 상카아라는 깜마와 무관할 수 없는 개념이지만 같다고 할 수는 없습니다. 예컨대 입으로 하는 상카아라인 '구행'과 입으로 짓는 깜마인 '구업'은 의미가 서로 다릅니다. 구업은 우리가 입으로 짓는 업을 말하는 데 반해 구행은 훨씬 넓은 작용을 말합니다. 즉 무명에서 비롯되어 알게 모르게 입으로 짓는 모든 행위를 다 포함합니다. 이에 비해 깜마는 '의도적으로 하는 행위만'을 말하므로 상카아라에 포함되지만 범위가 제한됩니다. 이처럼 상카아라는 넓고 포괄적입니다.

사바세계는 일체가 상카아라입니다. 상카아라가 어

떤 경향성과 그 표출이 전부라면 깜마는 경향성을 의도적으로 표출하는 것입니다. 예를 들어 화내는 경향성이 잠재적으로 있어서 시도 때도 없이 화를 내는 경우가 있고, 어떤 계기가 있어 누군가를 향해, 또는 무언가에 대해 분노를 터뜨리는 경우가 있는데, 이 두 경우 모두 상카아라이고 깜마는 후자의 경우만을 말합니다. 수행의 측면에서 보면 상카아라는 '멈추어야 할, 진정시켜야 할, 가라앉혀야 할 대상'입니다. 반면 깜마는 '청정하게 해야 할 대상'입니다. '업청정業淸淨'이라는 말 들어보았지요? 요컨대 깜마는 청정하게 해야 하고 상카아라는 가라앉혀 고요하게 해야 합니다.

상카아라는 육도六道 윤회를 하는 모든 존재에 널리 적용되지만, 깜마는 인간만의 특징이라고 할 수 있습니다. 인간계에는 의도적 행위인 깜마가 응축되어 있습니다. 우리가 깜마를 어떻게 짓는가에 따라 선업善業

과 불선업不善業이 됩니다. 불선업이 가속도가 붙으면 우리를 지옥, 아귀, 축생의 악도로 끌어넣습니다. 그런데 인간은 선업을 통해서 향상을 추구할 가능성이 참으로 큽니다. 깜마는 의도적 행위로서 현재의 의도적 행위는 미래에 업보가 됩니다. 그러니 우리에게 중요한 것은 '지금 내가 의도적으로 무슨 행위를 하는가?' 입니다. 과연 향상할 선업을 짓고 있는가? 만일 의도적으로 담마 공부를 하면 향상하는 선업을 짓고 있는 겁니다. 축생들, 아귀, 지옥의 중생들도 업을 짓는가? 불선업의 결과로 떨어진 세계니까 그들도 넓은 의미에서는 업보 중생들의 범위에 들고, 따라서 업을 짓고 있다고 볼 수 있지요. 하지만 첫째, 그들에게 의도라는 게 있는가? 둘째, 선, 불선의 선택 여지가 있는가? 따져볼 일입니다. 의意를 담마와 대응하는 관계로 한정시켜서 볼 때 그들은 담마를 모르거나 망각했을 것이기에 의가 없다고 보아야겠지요. 따라서 선을 지향할 여지가 없어 본능적 행위밖에 할 수 없으니 선택의 여지가 허용되지 않은 상태라 하겠습니다. 그러니 우리가 지금 논하고 있는 깜마의 범주는 그들과는 관련이 없을 것입니다.

여러분이 볼일도 많고 놀러 갈 일도 많고 친구들과 어울릴 유혹도 많은데, 이 시간에 법문 들으러 오는 것, 이게 바로 의도적 행위입니다. 다른 걸 다 제쳐놓고 여기에 오는 의도적 결단을 내린 것이지요. 그리고는 한 마디라도 안 놓치려고 귀를 기울이고, 또 바르게 이해하려고 노력합니다. 또 집에 가서도 계속 되새기면서 곱씹고 다른 생각일랑 다 제쳐놓고 담마를 붙들고 생각한다면 그런 것이 의도적 행위입니다. 그게 선한 깜마이지요. 나아가 담마의 원리를 일상생활에 적용하려고 애를 쓰면, 그건 더욱 적극적으로 의도하는 것입니다. 그러나 실제로 담마를 24시간 붙들고 있기는 무척 어렵습니다. 그런데도 담마를 놓치지 않으려고 노력하는 것이 수행입니다. 의도적으로 담마를 수행하면 깜마는 청정해지고 상카아라는 가라앉아 향상의 길이 열리게 됩니다.

## 의업意業으로 담마를 실천하다

상카아라와 깜마에는 또 다른 중요한 차이가 있습니다. 십이연기로 보면 무명이 있어서 제행이 있고 제행이 있어서 식이 있지요. 이 식은 명색을 대상으로 해서 끊임없는 육처 놀음을 하고 그 결과 태어나고, 늙고 죽는 일을 반복하며 끊임없이 윤회합니다. 무명-제행-식 놀음이 계속되는 윤회 분상에서는 상카아라, 행이 전개될 뿐입니다. 하지만 담마에 따라 선업을 지으면 해탈을 지향할 수 있습니다. 이처럼 상카아라의 길과 깜마의 길이 확연히 다릅니다.

　그러면 담마는 어디에서 어떻게 작용하는가? 여기서 육처六處와 육근六根의 차이를 좀 더 이야기해 봅시다. 같은 안眼·이耳·비鼻·설舌·신身·의意라도 처處-경境-식識 세 요소가 서로 결합하여 촉觸이 일어날 때 그 감각기관을 육처라고 합니다. 반면 여섯 감각기관들을 그 고유의 순수기능으로 파악할 때는 처āyatana가 아니라 근根 indriya라고 합니다. 처-경-식 세 요소가 결합한다는 말은 예를 들어 눈[眼]이라는 안처眼處와 대경인 색色과 그리고 안식眼識, 이 셋이 만나 촉이 일어난다는 뜻입니다. 빠알리 경에서는 이 소식을 육내처·육외처·육식의 화합이라고 부릅니다. 다시 말해 촉이 일어날 때 그때의 감각기관을 육처라고 하고, 그렇지 않을 때의 순수 감각기관을 가리킬 때는 육근이라 합니다. 부처님은 육처와 육근을 엄연히 구분하셨습니다. 《상응부》에 보면 〈육근 품〉[11]이 따로 있고, 《중부》에 〈육처 품〉[12]이 따로 있습니다. 육처는 없어져야 할 대상, 소멸해야 할 대상, 해체 분해되어야 할 대상입니다. 반면 육근은 수행을 통해 반드시 계발해야 할 대상입니다. 근은 뿌리이니 뿌리를 키워야 줄기도 나오고 가지도 뻗고 꽃도 피우지요. 육근을 계발하도록 노력하면 이것이 바로 수행입니다.

앞에서 이야기했듯이 담마를 대상으로 하는 것이 의意 mano입니다. 육근을 계발하는 데에는 여섯 감각

---

11 《상응부》 V, 48품 〈육근 품Chaḷindriya vagga〉.
12 《중부》 III, 143-152경 〈육처 품Saḷāyatana vagga〉.

기관 가운데 의가 핵심 역할을 합니다.[13] 담마를 바르게 볼 수 있으려면 의意의 기능이 의처意處에서 의근意根으로 바뀌어야 합니다. 상카아라, 행이 우세할 때는 의처가 주도해서 작동하므로 근으로서의 의, 즉 의근은 드러날 수 없습니다. 오늘날 사람들의 행行과 식識이 치성하다 보니 이에 따라 명색名色이 성해서 컴퓨터, 텔레비전, 자동차, 비행기, 핵무기가 봇물 터지듯이 쏟아져 나옵니다. 텔레비전과 인터넷이라는 정보고속도로를 타고 온갖 명색과 불선법不善法들이 우리 안방에까지 쏟아져 들어옵니다. 우리의 눈을 파고들고, 귀를 파고들고, 코를 파고들고, 혀를 파고들고, 촉각을 파고들고, 또 의를 파고듭니다. 그 때문에 의처가 너무 우세하여 담마를 볼 수 있는 의근은 전혀

---

13 활성 스님, 소리 열여덟 《의意를 가진 존재, 사람》, 〈고요한소리〉 참조.

기를 펴지 못합니다. 근원적으로 무명無明 때문에 제행이 극대화되고 식識이 기승을 부리면서 명색을 무한대로 확대 생산해서 육처로 막 뚫고 들어옵니다. 이런 시대일수록 의근이 파수를 서줘야 할 텐데 그렇지 못하니 담마를 만나기가 점점 어려워져가기만 합니다.

이처럼 우리의 감각기관이 근으로서의 기능을 제대로 하지 못할 때, 의는 육처의 원흉입니다. 의는 의처로서 불선업을 짓는 원흉이 될 수 있습니다. 의처일 때 '의'는 이름뿐이고 사실은 '식'이거든요. '의'는 그냥 처로서 식과 상이 노는 무대가 될 뿐입니다. 상은 빠알리어로 산냐*saññā*인데[14], 상상하고 연상하면서 모든 환幻을 그려내는 겁니다. 그런 산냐는 상카아라와

_____
**14** 활성 스님, 소리 스물넷 《산냐에서 빤냐로》, 〈고요한소리〉 참조.

직결됩니다. 《숫따니빠아따》 대품 제일 끝 경에 '상카
아라가 사라지고 산냐도 사라진다.'는 말이 나옵니다.


이 위험을 알고 나서,
'고苦는 상카아라로 인한 것이고,
모든 상카아라가 그치고 산냐가 소멸함으로써
고는 사라진다.'는 것을
있는 그대로 알고 나서….[15]


이렇게 부처님은 상카아라와 산냐의 직접적 관계를
말씀하셨습니다. 의처에서 행과 식과 상이 날뛰면 고
苦가 무한히 확산됩니다. 고가 진행되는 과정에서 벗어
나려면, 의근이 작용하게끔 노력하는 대장정에 나서야

---

**15** Etam ādinavaṃ ñatvā: dukkhaṃ saṅkhārapaccayā, sabbasaṅkhārasamathā
saññānaṃ uparodhanā evaṃ dukkhakkhayo hoti-etaṃ ñatvā yathātathaṃ
《숫따니빠아따suttanipāta》, 732게.

합니다. 요는 진정한 행복을 추구하려면 고통으로 이끄는 감각적 행복을 탐하고 있을 게 아니라 고통을 소멸시키기 위해 의처를 의근으로 순화시키는 노력을 해야 합니다.

오늘날에는 집안의 거실조차 휴식을 취할 수 있는 곳이 못 됩니다. 거실이 사실은 상카아라의 고속도로이지요. 여러분 자신을 상카아라의 고속도로에 방치해 놓으면 안 됩니다. 의처를 의근으로 바꾸려면 정보고속도로에서 비껴난 고요한 자리를 마련해야 합니다. 그리고 '의'가 뿌리 내리도록 도와주어야 합니다. 의근이 뿌리를 내리면 나머지 안·이·비·설·신 오근五根이 청정해질 수 있습니다. 그래서 육근청정六根淸淨이 이루어집니다. 의업意業을 통해 담마를 실천하는 길이 열린 결과입니다.

우리가 사람답게 살려면 의근을 계발해서 담마를

알아야 합니다. 담마를 바르게 알려면 의가 처의 단계를 넘어서 근으로 기능해야 합니다. 그리하여 의가 근으로서 자리 잡으면 많은 선법이 이루어지는데 특히 자기중심적 사고, 이기심을 넘어설 수 있게 됩니다. 이기심은 식識 때문에 생기거든요. 이기심 때문에 담마를 만나지 못합니다. 그런데 의근에는 이기심이 붙을 자리가 없습니다. 의근은 '너니 나니' 하는 개아를 넘어 보편 진리인 담마를 보기 때문입니다.

여러분, 우리 모두 정말 새로 태어날 각오를 해야 합니다. 사람은 보편에 살아야 합니다. 나보다 전체를 생각하고 시공의 제한을 넘어서 무한대를 살 수 있는 존재가 사람입니다. 요컨대 해탈·열반에 이를 수 있는 위대한 존재가 사람입니다. 그렇게 살라고 부처님이 담마를 설하셨습니다. 의근을 계발하고 담마를 찾아 나갈 때 비로소 사람 구실을 제대로 할 수 있게 되는 것입니다. 우리는 담마를 실천 수행함으로써 상카아라를 가라앉히고 의업을 키워내야 합니다.

# 담마로 살기

## 담마로 사람 보기

오늘날 인류는 지식 과잉의 시대를 살고 있습니다. 넘쳐나는 지식은 이 시대의 상카아라가 극성한 모습입니다. 이것이 다름 아닌 21세기 고苦의 모습입니다. 이 시대의 고는 이 시대 상카아라가 빚어낸 겁니다. 상카아라는 어떤 기운들이 모여서 무언가를 끊임없이 빚어냅니다. 그 상카아라가 빚어내는 것은 예외 없이 계속 변합니다. 고정 불변하는 것은 없습니다. 그렇기에 '상카아라가 무한정 빚어내는 이 지식을 어떻게 지혜로 살려낼 것인가? 과다한 지식을 어떻게 지혜로 추슬러 인류가 정신적 안온을 얻고 평안을 누릴 것인가? 어떤 삶의 방향과 새 질서를 세울 것인가?' 이것이 이 시대의 과제입니다.[16]

결론부터 말하면 '새 질서의 원천은 바로 담마'입니다. 정보와 지식을 지혜로 변환시키려면 보편진리인 담마를 통해서만이 가능하기 때문입니다. 담마의 눈으로 고苦의 원인을 궁구해 들어가 거기에 내재하고 관통하는 질서를 통찰해야 합니다. 제행무상諸行無常, 제행개고諸行皆苦, 제법무아諸法無我, 삼법인三法印을 우리가 제대로 인식한다면 담마에 따라 바르게 살 수 있습니다. 또한 변화무쌍한 카오스적 혼돈일지라도 그것을 연기법에 비추어보면 변화의 질서를 가늠할 수 있습니다.

---

**16** 활성 스님, 소리 하나 《지식과 지혜》, 〈고요한소리〉 참조.

마찬가지로 오늘날 과학도 사물의 근본적인 원리를 찾고 있지요. 그 점에서 과학이 담마의 원리와 결합할 요소는 꽤 많습니다. 단 과학의 탐구는 식識을 통해 진행되기 때문에 상카아라의 세계를 넘어서 무명無明의 문제에까지 접근하는 건 꿈도 못 꿉니다. 그래서 지식에 그치는 과학의 한계를 넘어 무명을 깨려는 실천적 노력으로 안내할 지혜가 필요합니다. 과학이 차지했던 지식의 자리를 담마의 지혜로 보완하고 대체할 때, 나아가 담마가 과학 기술을 안내하는 위치에 선다면 과학도 인류의 향상에 기여하는 방향으로 전환될 것입니다.[17] 그렇게 될 때 개인의 향상은 물론 세계의 평화와 인류의 향상이 가능합니다.

하지만 그렇게 우리가 향상하려면 반드시 담마에

---

17 활성 스님, 소리 열 《과학과 불법의 융합》, 〈고요한소리〉 참조.

대한 올바른 이해가 필요합니다. 그리고 담마를 자신의 일상생활에 그대로 적용하는 훈련을 해야 합니다. 누누이 말하지만 '사람은 향상하는 존재'입니다. 이것이 바로 부처님의 인간관입니다. 이 인생은 오욕락五欲樂을 즐기라고 있는 게 아니라 열반에 들기 위한 학습장으로서 있는 것입니다. 가장 완벽한 학습장이자 학교가 인생입니다. 그러하기에 인생에서 부딪치는 경험 하나하나를 담마로 볼 수 있게 되면 상카아라에서 그치지 않고 지혜로 승화될 수 있습니다. 모든 것을 담마로 봄으로써 상카아라의 뿌리인 치암癡闇을 뽑아내는 것입니다. 우리의 일상생활 그대로를 올바른 담마로 바꾸는 것, 그것이 수행입니다.

인생은 지혜로써 상카아라를 가라앉히고, 보다 높은 지혜를 개발해서 해탈·열반으로 나아가는 과정이 되어야 합니다. 담마를 공부하면 할수록 삶의 문제가 정돈됩니다. 담마는 문제를 잘 다듬어서 해결할 수 있도록 가닥을 잡게 해주는 것입니다. 담마를 공부할수록 더 어렵고 복잡해진다면 그건 담마가 아니고 상카아라입니다. 담마로 보면 이 인생보다 더 정확하고 체계적이고 좋은 학교, 교사, 교재가 없습니다. 이런 인생의 기회를 만났을 때 담마 공부를 해야 하는 겁니다. 그래서 기어코 인생 졸업을 해내야 합니다.

담마의 언어로 보면 사람은 업체業體입니다. 탐·진·치는 언제나 함께 어울리기 마련이니까 하나가 앞서면 다른 것도 따라옵니다. '사람마다 업, 깜마의 차이가 있다.'는 말은 탐·진·치 셋 중에 어느 것이 주도하느냐의 차이가 있다는 뜻이기도 합니다. '저 업체는 탐貪이 성하고, 저 업체는 진瞋이 성하고, 저 업체는 치癡가 성하구나.' 부처님 제자들이 사람 보는 눈은 이럴 수밖에 없습니다.

탐이 주도하는 탐욕형 인간이 깜마를 많이 지으면 나중에 육도윤회六道輪廻 가운데 아귀계에 가게 되겠지요. 탐욕이 많은 사람은 겉으로 주장은 많이 하지 않고 실속만 꼬박꼬박 챙깁니다. 탐욕형 인간들은 실속을 챙기느라 자신의 이익에 방해가 될 수도 있는 주의주장은 별로 하지 않지요. 반면 진심瞋心이 많은 사람은 성을 잘 내고 주장이 강합니다. 진심형瞋心形은 대개 결벽증이 있고 세상을 볼 때 비판적입니다. '저건 모순이야, 저건 위선이야, 타도 대상이야.' 세상을 그렇게 봅니다. 이게 진瞋이 짓는 깜마의 모습입니다. 여러분은 사람들이 큰 목소리로 주장을 할 때, '저 사람은 진瞋이 주인이구만.' 이렇게 깜마로 사람을 보면 됩니다. 진이 성한 사람은 다툼을 많이 하는 깜마를 짓습니다. 다툼 깜마의 결과로 아수라에 가게 되겠지요.

또 치암癡闇이 강한 사람은 공포감이 유달리 크고, 귀가 얇아서 무슨 이야기에도 쉽게 잘 넘어가고, 잘 속고, 잘 삐칩니다. '어디 누가 영험하다, 거기 가면 복 받는다.' 하면 돌아볼 새도 없이 달려갑니다. 맹신이란 결국 어리석음이지요. 치암형 인간들은 판단이 흐리고 그저 남 시키는 대로 하지요. 치암 깜마가 많이 쌓이면 축생에 가야 딱 맞습니다. 소가 되어 주인 시키는 대로 밭이나 갈면 딱 맞지요.

게다가 탐·진·치, 이 세 가지 모두에 유난히 극악을 떠는 인간은 자기주장과 이익을 챙기느라 남 괴롭히고 파멸로까지 이끌지요. 이런 깜마는 아수라만 가지고는 안 됩니다. 그래서 지옥 세계가 또 있는 겁니다. 여러분이 육도윤회를 예사로 생각하면 안 됩니다. 깜마처럼 무서운 게 없지요. 깜마가 무섭다는 이치를 알고 인간 도리를 다하려고 노력하면 다시 사람 몸 받아서 향상할 기회를 만나게 됩니다. 이렇게 사람을 업 짓는 당체, 즉 업체로 보는 훈련을 하면 담마의 눈이 점점 커집니다.


## 담마로 세상 보기


이 시대 이 땅의 삶이 바로 담마로 보는 연습을 하는 훈련장입니다. 상카아라가 극성한 오늘날은 어느 시대보다 더욱 담마가 살아나야 하고 올바른 도가 실천되어야 하는 시대입니다. 이 세상은 문제투성이입니다. 바로 고苦입니다. 공해 문제 같은 것이 단적인 예입니다. 게다가 사상, 빈부, 계층, 문화, 종교 간 갈등 등 우리가 현실에서 부딪히는 모든 문제가 다 고입니다. 숱한 문제 속에서 우리는 날로 가중되는 번민을 안고 살아가고 있습니다. 그 번민들은 우리에게 육체적, 정신적 고통으로 다가옵니다. 이 모두가 지혜의 담마 없이는 풀기 어려운 문제입니다.

'내가 겪는 고苦는 누구 때문이다.' 하면 현상을 피상적으로 보는 알음알이에 그칩니다. 상 놀음, 식 놀음에서 그치면 고는 증폭될 뿐입니다. 하지만 연기법으로 보면 어떤 현상이든 그 현상이 빚어져야 할 이유가 있습니다. 모든 것에 우연은 없습니다. 따라서 어떤 문제를 볼 때 지혜로 보도록 노력을 해야 합니다. 말하자면 어떤 문제이든 그 문제를 담마로 바꾸어 보는 눈이 필요합니다.

한편 오늘날 상카아라가 극대화되어 온 것도 그런대로 의미가 있습니다. 상카아라가 성하여 물질적 기초가 마련된 덕분에 지구촌이 하나 되는 정보 고속시대에 살게 되었습니다. 지구촌 반대편에서 일어나는 일도 신속하게 알 수 있지요. 그 때문에 담마를 쉽게 들을 수 있고 펼 수도 있습니다. 이런 지구촌 시대에 상카아라만 성하라는 법은 없지요. 오히려 우리가 담마를 담아내기 위해 의意, 마노를 살려낸다면 인류의 진정한 향상을 도모할 터전도 마련되는 셈입니다. 또한 이 시대의 정보망을 통해서 이 세계가 얼마나 원천적이고 구조적으로 고苦인가를 이해하기도 쉽게 되었습니다. 어차피 우리는 세상을 상, 산냐를 통해서 보니까 그 고苦도 산냐를 통해서 보게 됩니다. 그리고 현대 과학이 제공하는 이론들도 활용하면 고를 벗어나는 데 도움이 됩니다. 또 세속법일지라도 그것이 법인 한에는 보편성과 객관성이 있을 수 있으니까 그것을 잘 활용하면 도움이 될 수 있지요. 현대의 요란한 말들 가운데서 어떤 말이 진정 우리를 고요하게 하고 행복하게 해주는지 찾아내는 노력을 할 수밖에 없겠지요.

《법구경Dhammapada》에 보면 이런 말씀이 있습니다.

천 가지 말보다도 사람을 고요하게 만들어주는
한마디 말씀이 더 귀중하다.　　　　　　　　　100게
재간은 어리석은 사람을 파멸로 이끈다.　　　　72게

이 말씀을 곰곰이 생각하면서 담마로 이해하면 고
苦를 알고 고를 벗어나는 길에 대한 절박감을 느끼고
그 길을 나아갈 수 있습니다. 이 시대가 여러분의 스승
이 되는 것입니다. 위를 바라보고 높은 세계를 지향하
면 시대의 희생자가 되지 않고, 이 시대에서 이익을 보
는 사람이 될 수 있습니다. 고가 극성한 오늘날, 고 때
문에 오히려 우리는 담마를 더 잘 이해할 수 있습니다.
　이 시대의 고는 이 시대를 사는 우리를 성장시켜줄
영양식입니다. 고가 없으면 누구도 향상을 계획하지도

노력하지도 않을 것입니다. 고가 있기 때문에 고에서 벗어나려고 우리는 향상을 도모하는 것입니다. 향상할 때 고에서 벗어날 수 있습니다. 특히 한국 사회는 얼마나 고통거리가 많습니까? 이 고통거리야말로 우리로 하여금 현실에 안주하지 않도록 끊임없이 경책을 주지요. 우리는 한국 사회가 안고 있는 문제에 부딪치고 고뇌하기 위해서 한국 땅에 태어났다고 하겠습니다. 오늘 이 시점에 한국에 태어난 것은 우연이 아닙니다. 우리가 다겁생에 지어온 깜마, 업 때문에 한국이라는 마당이 적절하고 꼭 필요해서 이 땅에 태어난 것입니다.

거듭 말하지만 그렇게 고뇌하는 사람이 되기 위해서 이 땅에 태어났고, 그 고뇌들은 우리를 살찌우고 건강하게 만들어 줄 영양소임에 틀림없습니다. 담마의 눈으로 고苦를 직시하고, 고에서 벗어나려는 새로운 노력이 시작되어야 합니다. 그렇게 고를 보는 훈련을 해야 부처님 담마를 이 시대의 맥락에서 올바로 이해하고 실천할 수 있습니다. 팔자타령, 남 타령하지 말고 고를 직시합시다. 그러면 우리의 향상이 본격화되어 시대의 문제와 씨름할 수 있게 됩니다. 그리고 마침내 궁극적 향상을 이루게 되면 이런 고뇌거리가 더 이상 필요하지 않게 될 것입니다. 반면 세상사를 직시하지 못하고 그래서 성장하지 못한다면 그 고苦는 더 절박하게 우리를 몰아칠 것입니다.

이렇게 시절을 타고 담마를 알아간다면, 바로 이 시대를 사는 보람과 의미를 살릴 수 있습니다. 이 세상은 많은 시련과 고난으로 가득 차 있지만, 우리가 담마의 눈으로 보면 그 모두가 담마 아닌 게 하나도 없습니다. 내가 그때그때 경험하는 낱낱의 현상으로 보면 현실은 제행諸行입니다. 반면 부처님의 담마로 세계를 보면 현실은 제법諸法입니다. 정치·사회 현상들도 절망적이고 도저히 헤어날 길이 없을 것 같지만, 담마의 눈으로 보면 그 의미들이 다 달라집니다. '현실은 우리에게 이런 메시지를 전해주고 있구나, 우리가 몰랐던 세상 이치를 깨달으라고 현실로 이렇게 나타나서 생생한 역동감으로 나를 깨우쳐주는구나!' 그렇게 모든 것이 새로운 모습으로 다가옵니다.

상카아라로 보면 모든 것 하나하나가 '나'와 대립되는 대상입니다. 하지만 담마로 보면 그 어떤 대상도 담마의 질서 속의 한 요인으로 보게 됩니다. 대승 불교에서 '두두물물이 다 비로자나불이요, 세상에 부처 아닌 게 없고, 법 아닌 게 없다.'고 표현한 것도 같은 맥락이라고 할 수 있습니다. 담마로 보면 큰 눈이 생기면서 세상을 바라보는 게 편안해집니다. '아, 저렇게 돌아가는구나, 결국 나로 하여금 담마의 눈으로 보고 생각하도록 만드는구나.' 그렇게 편안하게 보게 되면, 이 세상 그대로 담마이고 내가 편안하게 머물 곳입니다. 의지할 섬이 따로 있는 게 아니고, 이 세상이 그대로 섬입니다.

여러분이 담마로 세상 보는 공부를 하고 나서, 신문이나 텔레비전을 한번 보십시오. 예전에는 속상하고 불안한 근심거리투성이었는데, 이제는 그 뉴스들이 법계의 소식으로 들립니다. 신문 하나가 그대로 만다라입니다. 담마로 세상을 이해하면, 내 안목이 변하여 이 세상을 편안한 주처住處로 바꾸어 놓습니다. 담마 공부가 이토록 유익합니다.

담마의 눈으로 보면 이 세상에 '용납 못 할 일' 하나 없고, '손해 보는 일'이라는 것 자체가 없습니다. 그대로 다 좋습니다. 그리고 모든 것이 꼭 있을 자리에 다 있습니다. 이 세상에 못마땅하고 잘못된 게 하나도 없다는 말입니다. '환경 위기, 경제 위기' 어쩌고 하는데,

다 와야 할 것이 온 것이지요. 모두 우주의 경책입니다. '담마가 대강 이렇구나.' 하고 조금만 알고 봐도 이 세상이 그대로 전부 교과서입니다. 경전이 따로 없습니다. 오늘날 전개되고 있는 인류의 위기도 가장 시의적절한 또 하나의 담마입니다. 그러니 '나도 한번 속 편하게 마음 써보자.' 하고서, 담마로 세상을 보는 데서 길을 찾으라는 말입니다.


## 담마를 내 삶으로

오늘 우리 공부의 핵심은 담마로 상카아라를 가라앉히는 것입니다. 그런데 우리가 담마 공부한다면서도 오히려 상카아라에 이끌리는 경향이 있습니다. 신심은 공부에 좋은 것이지만 존숭과 숭배의 마음이 극단으로 가버리면 존숭의 대상을 편안히 옆에 모시지 못하고 제단으로 올려버리지요. 그래서 부처님도 제단 위에 올려버리고, 담마도 제단 위에 올려버리지요. 이처럼 상카아라가 극성해지면 신심도 극단으로 가버립니다.

언제 부처님이 당신을 신神으로, 전지전능한 존재로 숭배하라고 말씀하신 적이 있습니까? '나를 따르라.' 말씀하신 적이 있습니까? 없습니다. '나는 다만 길을 안내할 따름이다.'라고 하셨습니다. 그런데 존경심이 극단으로 치닫다 보니 결국 우리는 부처님을 까마득하게 손도 안 닿는 제단에 모시게 된 겁니다. 담마도 마찬가지입니다. 담마를 멀리 높게 모셔놓으니까 주렁주렁 장식이 달리게 되는 겁니다. 그러다 보니 팔만대장경을 가지고도 모자랍니다. 부처님은 담마를 설하시면서 우리 머리를 복잡하게 만들 의도는 추호도 없으셨습니다. 무수한 주석가, 학자들이 자기 식대로 견해를 붙이며 어렵게 만들어온 겁니다.

불교 공부를 하려면 우리가 가지고 있는 기본 태도부터 성찰해야 합니다. 제단 위에 올려놓은 부처님을 여러분의 삶 속으로 다시 모셔야 합니다. 부처님은 신이 아닙니다. 담마는 신의 말씀이 아닙니다. 사생의 자부[18]이신 부처님이 누구나 알아듣고 공부할 수 있도록 자상하게 진리에 대해 설하신 말씀이 담마입니다. 담마는 아주 간곡하고 진실한 안내의 말씀입니다.

공부한 성과를 바로 확인하고 싶은 조바심을 내는 건 담마 공부에 상카아라가 끼어드는 또 다른 모습입니다. '공부해 봐도 도저히 모르겠다, 할수록 더 어렵

---

18 사생의 자부에서 사생四生은 태생胎生, 난생卵生 습생濕生, 화생化生을 말하며, 사생의 자부는 부처님이 모든 중생의 자비로운 아버지라는 뜻임.

다.' 하는데 그것이야말로 제대로 공부가 되고 있는 겁니다. 모르는 게 정상입니다. '정말 나는 아무것도 모르는구나.' 하는 정도가 되어야 합니다. 몰라서 나중에는 바보가 되어야 하지요. 실은 담마 공부는 오리무중에 묘미가 있습니다. '내가 알았다.' 하는 건 벌써 그 사람의 천박함을 드러내는 데 불과하지요. 알았다 싶다가도 다시 모르겠다고 돌아서는 자세가 공부하는 사람의 진면목이요, 쾌거라는 말입니다.

이런 자세로 공부하면 담마를 아는 나의 그릇이 조금씩 커갑니다. 담마를 담을 수 있는 내 그릇이 그만큼 커갑니다. 이것이 담마 공부의 묘미입니다. 담마를 '아네 모르네, 쉽네 어렵네.' 하지 말고 남이 뭐라 하든 입 다물고 묵묵히 앉아서 그저 내 마음을 들여다보십시오. 그러면서 '더 열심히 공부하지 않을 수 없구나.' 하는 간절한 마음만 계속 잡고 있으면 어느덧 담마 공부 그릇이 한참 커져 있을 겁니다. 담마의 입장에서 보면 오로지 향상만 있을 뿐입니다. 향상일로向上一路입니다. 향상이 이루어지는 터로서 '나'라고 불리는 존재와 삶의 현상이 있을 뿐입니다. 담마를 내 삶 속에 담을 때 향상의 과정을 밟게 되는 겁니다. '지금 여기'에서 들뜬 마음을 쉬고 또 쉬어 상카아라를 가라앉히면 위없는 행복을 감당할 만큼 성숙하게 되는 겁니다. 지금 이 자리가 바로 향상이 이루어지는 담마의 세계입니다.

## 담마의 상속자답게

부처님이 중생을 위해 담마를 설하셨습니다. 담마는 우리 중생의 삶과 직접 관계가 있습니다. 고에서 벗어나야 하는 우리는 담마의 도움이 절실히 필요합니다. 담마의 도움을 받아 부처님이 고를 벗어나 해탈·열반에 드신 경험세계를 공유할 수 있으니까요. 그럴 때 우리는 부처님 담마의 상속자입니다. 담마를 제대로 알고 실천해서 담마의 상속자답게 살아야 부처님 제자라고 할 수 있습니다. 그렇지 않으면 우리는 부처님의 명의를 훔치고 있는 겁니다. 모처럼 사람 몸 받고 부처님 담마 만났는데, 제발 담마에 어긋나지 말고 한 점 부끄럼 없는 진정한 담마의 상속자가 되어야 마땅합니다. 인생은 바로 거기에서 의미를 찾을 수 있습니다. 담마를 모르면 인생의 고苦는 단지 사람을 괴롭히고 마음을 묶어서 잠시도 놓아주지 않는 지긋지긋한 고통일 뿐입니다.

인생에서 겪는 모든 고통은 담마 공부를 하도록 일깨워주는 경책입니다. 인생 향상을 성취하기 위해 공부하라는 매질로서 사바세계의 온갖 고苦가 존재하는 것입니다. 절실함과 긴장감을 갖고 공부하라는 겁니다. 담마의 눈으로 보면 고는 경각심을 불러일으켜 우리를 눈뜨게 해주는 스승입니다. 내가 게을러질 때마다, 나태심이 생길 때마다, 또는 자기기만의 뻔뻔스러움이 일어날 때마다 고는 어김없이 찾아와주는 고마운 손님입니다. 그래서 고는 인생이라는 학교를 우등생으로 졸업할 수 있도록 도와주는 대자대비한 체계입니다. 이 사바세계가 그대로 대자대비 자체입니다.

그렇게 보면 여러분들이 나날이 겪고 있는 모든 고통과 도전과 시련은 더할 나위 없는 축복입니다. 이 세상은 그 보잘것없고 옹졸하고 편협한 마음을, 그 유치하고 찰나적인 즐거움에 빠져 매달리는 마음을 끝없이 경책해 줍니다. 그리고 우리가 보다 높은 데로 눈을 돌려 한 걸음씩 나아가도록 밀어주는 참으로 고맙기 그

지없는 은인이 이 사바세계입니다. 길에서 집에서 사회에서 부닥치는 사람들 가운데 특히 나에게 상처를 주고 배신하는 그 사람이 내가 좀 더 절실함을 가지고 향상의 길을 나아가도록 일깨워주는 은인입니다.

그러니까 따로 구할 게 없습니다. 이 세상에 일체모든 것이 구족되어 있습니다. 이 이상 더 완전한 학교, 완벽한 시설은 없습니다. 여러분 주변에서 늘 누군가 아프고, 누군가 실패하고, 누군가 죽지요. 이 모든게 남의 일이 아닙니다. '이렇게 끊임없이 경책이 주어지고 있다, 그것은 바로 나를 향상의 길로 이끌어주는 큰 수레의 바퀴 소리이다.'라고 명심하십시오.

담마를 따라 여러분의 눈과 마음이 조금씩 향상하여 차원이 달라지면, 이전의 경험은 더 이상 나를 좌우할 수 없습니다. 과거에 필요했던 경책은 더는 오지 않고, 지금 나에게 필요한 새 경책이 옵니다. 고를 벗어나려면 우리에게 담마의 도움은 절대로 필요합니다.
여러분, 담마의 상속자답게 살아가십시오.


## 나를 섬으로, 담마를 섬으로


부처님 돌아가실 때 아아난다 존자가 '부처님 가시
면 우리는 누구를 의지해서 살아야 합니까?'라고 여쭈
었습니다. 부처님은 '남을 의지할 생각 하지 마라, 자
신을 섬으로 삼고, 담마를 섬으로 삼으라.'[19]고 하셨습
니다. 중국에서는 섬이라는 말 대신 등燈이라는 말을
써서 '자신을 등불로 삼고, 법을 등불로 삼으라.'고 번
역했습니다. 자등명自燈明, 법등명法燈明이지요. 남방에

---

**19** 《장부》 II, 16경 〈대반열반경*Mahāparinibbāna sutta*〉, PTS 100-101쪽.

서는 '섬'으로, 북방에서는 '등'으로 표현하는데, 둘 다 같은 뜻이라 할 수 있습니다. 굳이 차이를 들자면 등이라고 했을 때는 '자신을 등불로 삼는다, 자신에게 의지하여 간다.'는 자신을 의지한다는 측면이 강조되어 있고, 섬이라고 하면 '격류를 면해서 마침내 편안하다.'는 뜻이니까, 격류를 벗어난 편안함의 뜻이 더 강조되는 것으로 보입니다.

이 세상이 객관적으로 있다고 생각하지요? 아닙니다. 여러분이 그렇게 상상할 뿐입니다. 그것은 산냐 놀음입니다. 세상이 따로 없습니다. 각자가 상상하는 각자의 세상이 있을 뿐입니다. 여러분이 담마의 눈으로 상想을 바꾸고 식識을 바꾸면 세상이 바뀝니다. 스스로 판단하여 상도 식도 바꿀 수 있는데 왜 바깥세상에 의존하고, 거기에 내 운명을 맡기려 합니까? 왜 세상을 탓하면서 불행하다고 입에 달고 삽니까? 왜 살길을 찾겠다면서 죽을 길을 갑니까?

세상은 여러분이 결정하는 것입니다. 이제 새 세상을 만드십시오. 처음 만들 때는 상상력을 선용하십시오. 소위 꿈이라는 것, 아름다움이라는 것, 그거 다 산냐가 만드는 것이지만 그 산냐를 선용하십시오. 산냐를 나쁜 쪽으로 쓰지 말고 좋은 쪽으로 쓰십시오. 그러면 꿈을 만들고, 아름다움을 만들고, 이상을 만들게 됩니다. 고매한 것, 고상한 것을 만들게 됩니다. 상카아라를 짓되 그런 방향으로 상카아라를 지어 나가십시오. 그러면 여러분 자신이 새 세상을 만들며 사는 겁니다.

왜 신문이 만들고 인터넷이 만드는 세상에 자신을 맡깁니까? 왜 그 쓸데없는 것 다 끌어들여서 걱정하고 번뇌합니까? '칠십억 인구가 이런데, 나 혼자 한다고 되나?' 그렇게 뭉뚱그리는 관념적 유희는 버리십시오.

그게 산냐 놀음이요, 희론戲論입니다. 세상 탓하지 말고, 남 탓하지 마십시오. 요컨대 부처님이 '자신을 섬으로 삼으라.'고 하신 말씀은 바깥세상에 얽히고 들떠서 산냐 놀음하지 말고 자신을 의지하여 담마에 따라 살라는 뜻입니다.

그리고 '담마를 섬으로 삼으라.'는 말씀은 담마를 의지하여 상카아라를 극복하라는 뜻입니다. 하지만 상카아라를 멸한답시고 성급하게 뿌리 뽑으려 드는 것도 역시 상카아라입니다. 상카아라를 진정시키고 가라앉히기 위해 한 걸음씩 차근차근 여유를 가지고 말하고 생각하고 행동하십시오. 그러면 마침내 상카아라를 멸할 수 있습니다.

그리고 담마를 여러분의 일상생활에 들여와 남이 만드는 세상에 대한 방탄막으로 쓰십시오. 이 세상이 전부가 폭탄이고 총알이니 방탄막이 필요합니다. 어디 가서 방탄막을 구하겠습니까? 중생이 고를 멸할 수 있도록 부처님이 시설하신 팔정도八正道를 방탄막으로 쓰십시오. 어떻게 하면 내가 어제보다 오늘, 오늘보다 내일, 눈곱만큼이라도 상카아라를 가라앉히느냐에 집중하십시오. 신·구·심 삼행을 가라앉히는 노력을 꾸준히 하면 에스컬레이터 탄 것처럼 주욱 향상하게 되어 있습니다.

여러분! 향상의 꿈을 키우십시오. 거기에 자신을 맡기고, 자기 세계를 만드십시오. 하나하나 실천하십시오. 그렇게 해서 실제 이익을 누리십시오. 작은 이익이라도 누려보면 담마가 가까이 느껴질 것이며, 담마에 따라 사는 것에 자신감이 생길 것입니다. 그때는 담마 공부하지 말라 해도 하게 됩니다. 자신을 가지십시오. 부처님이 보증하셨습니다.[20] 내 마음이 보다 세련

되고 높은 수준으로 순화되다가, 마침내 단 한 점의 때[垢]도 용납하지 않는 청정무구淸淨無垢한 경지에 도달할 때 향상의 정점에 이릅니다. 육도윤회를 멈추는 해탈·열반에 이르는 것입니다. 여러분, 금생에 부처님 담마 만난 은혜를 소중히 여기고 천재일우千載一遇의 기회로 삼아 향상의 길로 매진하기 바랍니다. ❁

---

20 활성 스님, 소리 다섯 《연기법으로 짓는 복 농사》, 〈고요한소리〉 참조.

━━━━ 말한이 **활성** 스님

1938년 출생. 1975년 통도사 경봉 스님 문하에 출가.
통도사 극락암 아란야, 해인사, 봉암사, 태백산 동암, 축서사 등지에서
수행정진. 현재 지리산 토굴에서 정진 중. 〈고요한소리〉 회주


━━━━ 엮은이 **김용호** 박사

1957년 출생. 전 성공회대학교 문화대학원 교수 (문화비평, 문화철학).
〈고요한소리〉 이사

## ────── 〈고요한소리〉는

- 붓다의 불교, 붓다 당신의 불교를 발굴, 궁구, 실천, 선양하는 것을 목적으로 설립되었습니다.

- 〈고요한소리〉 회주 활성스님의 법문을 '소리' 문고로 엮어 발행하고 있습니다.

- 1987년 창립 이래 스리랑카의 불자출판협회BPS에서 간행한 훌륭한 불서 및 논문들을 국내에 번역 소개하고 있습니다.

- 이 작은 책자는 근본불교를 중심으로 불교철학·심리학·수행법 등 실생활과 연관된 다양한 분야의 문제를 다루는 연간물連刊物입니다. 이 책들은 실천불교의 진수로서, 불법을 가깝게 하려는 분이나 좀 더 깊이 수행해보고자 하는 분에게 많은 도움이 될 것입니다.

- 이 책의 출판 비용은 뜻을 같이하는 회원들이 보내주시는 회비로 충당되며, 판매 비용은 전액 빠알리 경전의 역경과 그 준비 사업을 위한 기금으로 적립됩니다. 출판 비용과 기금 조성에 도움주신 회원님들께 감사드리며 〈고요한소리〉 모임에 새로이 동참하실 회원을 기다리고 있습니다.

- 〈고요한소리〉 책은 고요한소리 유튜브(https://www.youtube.com/c/고요한소리)와 리디북스RIDIBOOKS를 통해 들으실 수 있습니다.

- 〈고요한소리〉 회원으로 가입하시려면, 이름, 전화번호, 우편물 받을 주소, e-mail 주소를 〈고요한소리〉 서울 사무실에 알려주십시오. (전화: 02-739-6328, 02-725-3408)

- 회원에게는 〈고요한소리〉에서 출간하는 도서를 보내드리고, 법회나 모임·행사 등 활동 소식을 전해드립니다.

- 회비, 후원금, 책값 등을 보내실 계좌는 아래와 같습니다.

| | |
|---|---|
| 국민은행 | 006-01-0689-346 |
| 우리은행 | 004-007718-01-001 |
| 농협 | 032-01-175056 |
| 우체국 | 010579-01-002831 |
| **예금주** | **(사)고요한소리** |

# ━━ 마음을 맑게 하는 〈고요한소리〉 도서

## 금구의 말씀 시리즈

## 소리 시리즈

## 법륜 시리즈

## 보리수잎 시리즈

## 붓다의 고귀한 길 따라 시리즈

| 하나 | 불법의 대들보, 마음챙김 *sati* |

## 단행본

| 하나 | 붓다의 말씀 |

소리 · 스물다섯

# 상카아라行와 담마法
## - 부처님 가르침의 두 축 -

**초판 1쇄 발행** 2021년 11월 25일
**초판 2쇄 발행** 2022년 6월 25일

| | |
|---|---|
| **말한이** | 활성 |
| **엮은이** | 김용호 |
| **펴낸이** | 하주락·변영섭 |
| **펴낸곳** | (사)고요한소리 |
| **제작** | 도서출판 씨아이알 02-2275-8603 |

| | |
|---|---|
| **등록번호** | 제1-879호 1989. 2. 18. |
| **주소** | 서울시 종로구 인사동길 47-5 (우 03145) |
| **연락처** | 전화 02-739-6328 팩스 02-723-9804 |
| | 부산지부 051-513-6650 대구지부 053-755-6035 |
| | 대전지부 042-488-1689 |
| **홈페이지** | www.calmvoice.org |
| **이메일** | calmvs@hanmail.net |
| **ISBN** | 979-11-91224-04-7 02220 |

값 1,000원